| 4〜5年前 | 2年前 |

- 独立を意識
- 自己資金の準備を始める
- 家族や親族から理解、協力を求める
- サロンのイメージを考える

Uchida's eye

自分がお客さんだったら、どういう店に行ってみたいか？ どんなサービスを受けたいか？という視点でイメージを立ち上げていきましょう。自分がやってみたかった店、という自分だけの視点では、顧客としての視点を見落としがちに。いろいろな場所に出かけて「お客様」体験を増やし、実際に受けたサービスで、良かったこと、悪かったこと、なぜ、それが良かったのか、理由を考えてみるといいでしょう。
内装に関して、参考にしたいインテリアがあれば、写真に撮らせてもらう、雑誌などは切り抜いてスクラップブックをつくる、などを始めましょう。

夢を叶える
美容室オープンまでの
シミュレーション

開業とは、どのようなスケジュールで進んでいくのでしょうか。
成功するためにすべき準備や心構えを解説。
直前になって慌てないために、
最初にシミュレーションしておきましょう。

解説／内田昇（TOM&SUSIE FACTORY）

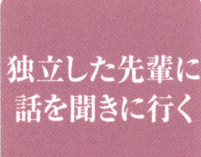

| 独立した先輩に話を聞きに行く | 開業する候補地を絞り込み、街の開発計画などを調べる | 不動産屋を訪ねてみる |

Uchida's eye

この場所にはサロンが少ない、と思って出店したのに、5年後は乱立状態になってしまった、ということはよくあります。出店候補地を調べることは大切です。しかし、それが生きるのは、コンセプトを持っている場合。みんなにとって商売がしやすい場所は、おのずと競争が激しくなります。生き残れなくなるのはコンセプトがない、ということ。街が変化しても、生き残っていくためにはコンセプトが大切です。これさえしっかりしていれば、人通りがない場所でサロンを繁栄させることだってできるのです。

Uchida's eye

出店候補地の駅近くの不動産屋にいきなり飛び込んで物件探しを始めてしまうと、冷静さを失いやすく、結果的に物件に振り回されかねません。この段階ですべきことは事前調査です。自分が借りているアパートやマンションを契約した不動産屋を訪ねてみましょう。出店候補地に近くなくても大丈夫。不動産業界は全国にネットワークが広がっており、どの不動産屋でもさまざまなエリアの物件情報を持っています。街の開発予定や、物件の相場、何でも知っていますから、まずは相談してみましょう。このくらいなら勤務中でもできること。このときに注意したいことがあります。あなたは近い将来、経営者になるのですから、服装に注意しましょう。美容師だからどんなファッションでも許される、というのは間違いです。せっかく足を運んだのに、相手が信頼してくれなければ、情報を提供してもらうことはできません。

1年前

- 経営誌や創業関連の書籍を読む
- 開業の候補地を探すため、街を歩いてイメージを膨らませる
- オーナーに独立の意思を伝える

Uchida's eye

これまで縁のなかった「経営」の分野。苦手だと感じる人も多いでしょうが、まったくのオリジナリティで勝負できるほど、世の中甘くないのも事実です。独立前に、経営関連の本は読んでおくべきです。美容関連、ファッション関連はもちろん、規模やコンセプトや経営に関する考え方が近い本を読みましょう。開業してからとても参考になります。

Uchida's eye

オーナーになるということは、孤独になるということ。できるだけ長く店を続けるためには、オーナーは時代と共に変化しなくてはなりません。なのに、個人店は情報が遮断されやすく、孤独がゆえに判断が狂うことだってある。こんなときに助けてくれるのは、元の店の先輩やオーナーです。いい人間関係を持っている人ほど、いい経営をしています。勤めている店は、今の自分にいちばん近い存在。勉強しているベースが同じなのですから、これからだって一緒に進化できる関係性です。

もし、裏切るかたちで辞めたら、あなたには、勤めていたときの成功体験しかなくそこが頂点ということに。オーナーになれば、あれもこれも自分でこなさなければならず、1人の美容師として進化していくことは、今よりも難しくなります。なのに、進化しなければ顧客はついてきてくれない。元のサロンとのパイプはいちばんの財産だと思って、オーナーと良い関係性をキープしましょう。

開業成功のポイントはここまでにある！

顧客を知り、ビジネスを知ることで、他にはない自分の店の強みをつくることができます。ここまでがしっかりしていると、変更点や妥協点が出てきてもマイナスにはなりません。

- サロンのコンセプトを考える
- 管理美容師資格取得の準備を始める
- 繁盛店に顧客として出かけ、繁盛のポイントを観察する

Uchida's eye

これから自分が出店する店は、どのような人たちに、どんなサービスをしていきたいのか、具体的に考えましょう。

「いろいろな年齢層のお客様に来ていただく地域密着サロン」。というのは、残念なことにコンセプトになり得ません。結果的にいろいろなお客様に来ていただいたとしても、コアになるターゲットをつくり、その人たちに必要な技術やメニューを考えていかないと、自分の店にとって何が必要か、まったく判断できなくなってしまいます。営業中は、お客様にNOと言わなくてはいけないこともあるはずです。美容師としてこれだけは譲れないものは持っているはずです。こうしたことを集めて分析すると、では何を提供したいのか、ということが見えてくるでしょう。

それでもコンセプトなんて難しくてつくれない、という人にヒントです。新しい店の名前は何がいいか、候補はいくつか挙がっているでしょう。そこに、あなたのサロンのコンセプトが隠れています。日本語か、外国語か、言葉の響きや意味、選んだ理由を探っていくと、キーワードが見えてくるはずです。

Uchida's eye

業界内の情報を知っている人は割と多いのですが、異業種のことは知らない人が多い。異業種を知る、ということはお客様を知る、ということです。近い将来、あなたは経営者になるのですから、どのような店が流行してどのような顧客から支持を得ているのか、と分析する眼を持つことが必要です。自分がコアターゲットとする顧客層は、どのような喫茶店、レストラン、カフェに行くのか、繁盛している異業種の店に出かけてみることで、顧客の嗜好やライフスタイルを観察することができます。店をオープンさせると、しばらくは忙しくて、美容にどっぷり浸かることになります。こうしたリサーチは、独立前にしておきましょう。自分の店のコンセプトが太くしっかりしてきます。

2か月前

- サロンオペレーションなど、スタッフ教育を始める
- DMやチラシのレイアウトの依頼をする。原稿を作成する
- サロンのロゴを決める
- 物件の絞込みをする
- 金融機関に融資の申し込みをする

Uchida's eye

名刺やDMを作るにしても、サロンのロゴを決めないと先に進みません。ロゴのデザイン料はピンからキリまであります。同一商圏で同じロゴがあるかどうか調査してくれる、色やロゴの大きさカタチまでゼロからコンサルティングしてくれる、納得いくまで何回でもデザインの調整をしてくれる。こうした高額なパターンから、業者が持ってるサンプルデザインから選ぶ、ラフデザインとコンセプトはこちらで用意したものをロゴにおこしてくれる格安プランまでさまざまです。知り合いのデザイン会社があれば、そこに頼むのがいいでしょう。

Uchida's eye

物件に一目ぼれしてしまいその場で契約してしまう、ということは避けましょう。広さや雰囲気が気に入ったとしても、電気容量やガス、水道など、美容室仕様の物件かどうか、確認する必要があるからです。これらを確認しなかったために思わぬ工事が必要となり、予算がオーバーしてしまった、という失敗も。契約の前に内装業者などの専門家に見てもらうこと。どんなに気に入った物件があっても、融資が決定しないうちは、契約をしないこと。

Uchida's eye

融資の申し込みで必要なのが、不動産屋からもらう「物件概要書」、内装業者からもらう「本見積り」、美容器材やソファやテーブルなど必要な備品の「見積り」、「事業計画書」と「返済計画書」など。

3か月前

- スタッフ採用のため、知り合いなどに声をかける
- メニュー、料金を決める

スタッフの募集を始める

店舗設計者と打ち合わせを始める

サロン名を決定する

Uchida's eye

今、働いているサロンのスタッフを引き抜く、ということはルール違反です。既に辞めてしまった元スタッフや、知り合いを通じてスタッフを集めましょう。

Uchida's eye

自分のイメージと予算をハッキリ伝えること。その上で出てくるのが概算見積り。見てびっくりするはず。伝えた予算を超えた額だからです。これは、最大にかかる工事費だと理解しましょう。だから、ここでOKしてはいけません。何を削るか考えましょう。『積算ポケット手帳』（建築工事研究会）という便利な本が売っています。建築素材のカタログです。この本に載っているのは定価。僕はここから2〜3割引くのが相場かな、と目安をつけ、自分で見積りをつくり直します。わからないことだらけですから、専門家にお任せしたくなる気持ちはわかりますが、オーナーになったら、リニューアルや移転、出店と、店を経営する限り、ずっとついてくるのが内装。予算管理ができるようになるので、ゲーム感覚でやってみてください。

Uchida's eye

サロン名の決め方は2通りあります。音の響きがよくて、口にすると気分がいいと感じる言葉を見つけ、後から意味を調べていく方法。もうひとつは、意味を考えて、それにあう言葉を選ぶ方法。最近は造語も多いのですが、後から同じ音で予想もしなかった意味を持つ言葉に出合ってしまうかもしれません。オリジナルな名前でも、一応、意味を調べておきましょう。

サロン名は、インテリアと同じ。時代を捕まえられるか、ということが選考の最大のポイントとなります。サロンを長く経営していくと、時代とサロンの名前が合わなくなることが出てきます。そのときには、名前を変える勇気も必要です。サロンのシンボルとなるのが名前。悩んで考えて決めましょう。無用なトラブルを避けるため、同一商圏に同じ名前のサロンが存在していないかどうか、電話帳やインターネットで調べておきましょう。

6か月前

- 資金計画の準備をはじめる
- 開業候補地近くの最寄り駅で、乗降客数を調べたり、近くのショッピングモールなど、集客をしている場所、時間帯によって人の流れがどのように変わるのか観察する
- 物件を探す
- ・事業計画を立て始める
- ・開業に必要な手続きを開始する
- ・サロンの内装の方向性を考える

Uchida's eye

資金に関しても、専門家への相談は早いほうがいい。一度、相談に行ってみましょう。相談先はいろいろありますが、いちばん簡単なのは、現在あなたが持っている口座、給料の振込み先になっている銀行の支店に行くこと。銀行は以前と違って小口の融資に積極的です。大手都市銀行であっても、現在は、どこでも親身に相談に乗ってくれます。現状では融資ができない、という場合は、具体的にわかりやすく改善点を伝えてくれます。

Uchida's eye

物件に関しては、できるだけ早く不動産屋に相談したほうが、いい物件が契約できる確率が高くなります。現在の空き物件だけでなく、あと1か月待てばできる新築物件や、3か月後に契約が切れる物件なども対象になるからです。

1か月前　　　　　　　　　　　　　　　　　　　　　　　　　OPEN!!

- 金融機関から融資を受ける
- 物件を契約する
- 内装工事を始める
- 開業に必要な各種手続きを行う
- 近隣のビル、商店、最寄りの交番などにあいさつに行く
- 近隣にオープンの告知をする

Uchida's eye

契約内容をよく確認し、必要な交渉をした上で納得してから印鑑を押しましょう。特に、家賃がいつから発生するかは大切です。基本的には内装工事が始まる日が家賃発生日。交渉してみましょう。

「賃貸借契約書」という書類には実印が必要です。実印とは、あなたが同意した、という意思を証明するもの。1人につき1つだけ印鑑登録ができ、それが実印となります。住民登録をしている住所、(法人の場合、会社が登記されている場所)の市区町村の役所へ行って、印鑑登録をします。簡単にどこでも買える通称、三文判と呼ばれる印鑑でも登録をすることはできるのですが、偽造される恐れがあるので、実印用に新しく印鑑をつくることをおすすめします。

Uchida's eye

オープン前には菓子折りを持って、必ず隣近所、商店会にごあいさつに行きましょう。近所づきあいをすれば、周りの人たちは好意的にあなたを見てくれます。いざというときも助けてくれるのです。近所での良い評判は、店の印象を大きく高めてくれます。買い物はできるだけ地元でしましょう。自分が使ったお金は、自分の店に返ってくる。これが商売の基本です。地域密着を大切にしましょう。

念願のサロンをオープンさせて、うれしさ半分と、オーナーになった責任感が半分。そして、少しの孤独感を感じるかもしれません。店をオープンさせることよりも、長く続けていくことのほうが何倍も大変です。たくさん迷うことも悩むことも出てくるはず。でも、余裕がなくなってしまわないように、いつでもフレキシブルでいられるように心がけましょう。オーナーが不安な気持ちになると、スタッフも不安です。笑顔を忘れないこと。ここまで頑張ったのだから、あとは成功するイメージを常に持ち続け、前向きに行きましょう。

美容と経営　美容室開業マニュアル

BK

Selection *1*

Contents

	夢を叶える　美容室オープンまでのシミュレーション	3
	内田 昇（TOM&SUSIE FACTORY）	
Chapter 1	**オーナーになる**	**15**
	オーナーになるとは？　五十嵐憲生（RENJISHI）	16
	これからの成功パターン	
	三本勝己（三本勝己税理士事務所/株式会社エムエイピーシー）	19
Chapter 2	**自分マーケティング**	**27**
	数字で考える*Exercise 1*　あなたの現在の実績	28
	数字で考える*Exercise 2*　指名顧客のリターン率を分析する	30
	数字で考える*Exercise 3*　独立後の指名顧客の見込み数	31
	数字で考える*Exercise 4*　問題解決方法を身につける	32
	数字で考える*Exercise 5*　コストバランスを考える　原田賢司（MINX）	40
	数字で考える*Exercise 6*　独立開業に向けて、あなたが準備できる資金	46
	自分を整理する*Warming Up1*　理想のサロン像を分析する	50
	東川 仁（株式会社ネクストフェイズ／旧資金調達）	
	自分を整理する*Warming Up2*　あなた自身を振り返る	57
	借金するってどういうこと？	48
Chapter 3	**資金調達のしかた**	**59**
	金融機関を納得させる事業計画書のつくり方	60
	東川 仁（株式会社ネクストフェイズ／旧資金調達）	
	開業資金の借り方	74
	リースの基礎知識	72
Chapter 4	**立地調査・物件選定**	**83**
	失敗しない立地マーケティングの基本　大内正幸（有限会社ソルブ）	84
	顧客を呼ぶ物件の条件と契約のポイント　伊東正博（株式会社C.P.O設計）	94

Chapter 5 美容室の開設手続き　107
美容室の開設に必要な手続き・届出について　108
美容師は「業務独占資格」。資格がなければ「美容」の仕事はできない　114

Chapter 6 開業手続き　119
開業の手続き　120
　　　三本勝己（三本勝己税理士事務所/株式会社エムエイピーシー）
開業月と消費税納税の関係　原田賢司（MINX）　129

Chapter 7 スタッフの雇用　131
スタッフの労働条件について　斉藤賢一（城南労務管理事務所）　132
社会保険のしくみ　138
絶対確実に集客できる方法はあるか？　小島壯司（株式会社エスエムティ）　144

Chapter 8 年末調整・確定申告　151
年末調整・確定申告　152
　　　三本勝己（三本勝己税理士事務所/株式会社エムエイピーシー）
個人情報保護法の基礎知識　160
開業後のお悩みQ&A　五十嵐憲生（RENJISHI）　162

美容室開業に関する問い合わせ先一覧　166
著者・取材協力者プロフィール、問い合わせ先　168

Message
高橋マサトモ（MINX）　14
小松利幸（ANTI）　26
大久保美幸（GIRL LOVES BOY）　58
植村隆博（DADA CuBiC）　82
宮村浩気（afloat）　106
八木岡 聡（DaB）　118
近藤繁一（HYSTERIA）　130
横手康浩（Bivo PHASE）　150

高橋マサトモ（MINX）

人が財産。人が力なり。
だから、経営者は人として間違いのない答を出す。

　東京・下北沢、17.5坪。5人からの出発。働いていたときは、開業準備は一切していませんでした。店を辞めてから、初めて独立のための行動を開始したのです。

　正直、不安でしたね。物件探しを始めたら、不安はさらに大きくなりました。「独立ってこんなにお金がかかるの？」という目の前の現実に驚きました。銀行からお金を借りることが怖かったですね。だから、開業資金は自分の父親に頭を下げて借りました。それは、後日ちゃんと返しましたし、今は銀行から借りてます。

　最初の何か月間は、お客様はほとんどいませんでした。この時の僕を支えていたのは「志」だけです。いつかはこの店がお客様でいっぱいになる。その時になって慌てないように、と練習ばかりしていました。ひたすらウイッグに向かう日々。時間ができたら自ら練習する、研究する。これは、後に『MINX』の風土になっています。

　地元に愛されよう、ということも考えました。地元に暮らす人たちに支持されなければ美容室は繁栄しない。近隣の家を回ってポスティングをしたり、通りでパンフレットを渡すことにも一生懸命取り組みました。

　新規のお客様には再来店を、再来店していただいたら紹介を、と力を入れ、オープンして半年後、お客様が集まるようになりました。そして1年経たないうち、店の外にまで行列ができるようになったのです。

　先頭を切る僕が走らなければスタッフはついてきませんから、人前では威勢が良かった（笑）。しかし、心の中では孤独です。人にも相談できない。オーナーになるってそういうことなんでしょうね。そんな僕を救ってくれたのは、カーネギーの名著『道は開ける』。そして、家族とスタッフ。みんなの助けがあったからここまでこれたんです。だから信用と信頼が大事。美容室は人が商品ですから、経営もお金より質、教育が最大のテーマだと思っています。

Chapter 1

オーナーになる

自分の店を持つということは、
オーナー＝経営者になる、
ということです。
オーナーとしての役割は
どのようなものでしょうか。
美容室を経営していくためには、
どのようなことを
考えたらいいでしょうか。
開業してから慌てないために、
経営することの大まかな
イメージをつかんでおきましょう。

オーナーに なるとは?

五十嵐憲生（RENJISHI）

オーナーになるとは、高い志を持つ、ということ。

最初から順調にうまくいくサロンなんてありません。

営業が軌道に乗っても、売り上げの落ちる月だってあるのです。

不安になることは、これから数え切れないほど出てくるのです。

そのときに、あなたを支えてくれるものは、あなた自身の「意志」。

自分の店を出すならここまでこだわりたい、という強い信念です。

それを持たないと、隣りのサロンの様子が気になってきます。

周りに同調したくなります。

周りに同調すると、さらに他のサロンが気になって、もっと不安になります。

自分の理念・信念・希望を持っていれば、周りが気にならなくなり、

強い気持ちでさまざまな問題を乗り越えることができるのです。

そこから生まれてくるのは、誰にも真似することができない「サロン」なのです。

オーナーになるとは、人の立場を優先的に考えられる、ということ。

これからは、給料をもらう側から支給する側になるのです。

スタッフの生活を保障する。それが、オーナーの役割です。

人を採用したら、自立して食べていけるようになるまで教育する責任があるのです。

自分の夢を実現させるために、努力をすることはすばらしい。

その夢の中に、スタッフの将来について、という項目が加わってくると、

店の発展が見えてくるようになります。

スタッフに長く働いてもらうということは、店の繁栄につながります。

スタッフが美容師としてのスキルを磨き、人として成長して欲しい。

そのためにどうしていけばいいのか。

常に考えることがオーナーには求められているのです。

オーナーになるとは、全ての責任を背負って生きていく自覚をすること。

商売を続けていくためには、社会的責任を果たさなくてはなりません。

お金の管理をきちんとして、必要な税金を支払うこと。

お金にいい加減な店は、長くは続きません。

できれば最初から専門家に意見を聞き、帳簿を管理していくことが大切です。

そして、地域に密着し地域に貢献すること。

地域と共に繁栄する、という気持ちが商売には大切です。

地域の店にはすべてあいさつに行き、商店会にも入る。

そして、商店会で買い物をする。

人柄のいい人、よく買い物をしてくれる人、笑顔であいさつする人には、

悪い評判は立ちません。

社会やコミュニティを意識していくこと。

それがオーナーの大きな役割なのです。

これからの成功パターン

せっかく自分の店を始めるのですから、長く安定的なサロンを運営していきたいもの。
オーナーとして、どのような心構えで経営に向かえばよいでしょうか。
ゆるやかに右肩に上がっていく利益体質をつくっていくために、
中長期のグランドデザインをイメージしておきましょう。

文/三本勝己（三本勝己税理士事務所/株式会社エムエイピーシー）

時代の変化と経営の位置づけ

　美容ブーム(1990年代後半～2001年頃まで)を経て競争激化の時代に突入しています。日本人の消費行動は成熟化し、本当に価値があると判断したときにしかお金を使わなくなっています。

　夢と勢いだけでサロンを経営していくのは難しい時代になりました。安定的にサロンを経営していく、というためにはどういう条件が必要なのでしょうか？

人材の固定化＝サロンの安定成長

　それは、信頼の置けるスタッフが長く働いてくれる、ということ。サロンが提供する商品、(技術、デザイン)や接客などを一定レベルに保つためには、人材が安定しているほうがうまくいきます。顔なじみのスタッフがいることは、お客様の安心感につながり、安定的なリターンも期待できます。将来、店舗展開をしたとき、突然、店長が辞めてしまうようなことがあれば、一気に赤字サロンに転落する可能性が高くなります。閉店に追い込まれることだってあるのです。店長やスタッフが、やりがいを感じられるようなサロン経営を考えるべきなのです。

　スタッフが安定する、ということは多店舗展開する、ということでもあります。出店とは、将来に対する「投資」。投資をすれば収益はいったん下がります。しかし、投資分を回収し、数年後には投資前よりも利益を生み出す時期がある。このジグザグなラインを描きながら、右肩上がりに利益を伸ばしていくことが理想的な経営です。このラインを描くためには、スタッフの成長がセットになるのです。

　それには安定的な雇用が必要です。そのために、「会社」としての体裁を整えていく。スタッフが将来に対して不安を感じないために、社会保険に加入し、正しく利益を出していく。これが、個人店が成功する考え方なのです。

chapter 1

人生賭けた1店舗目の出店

できるだけコストを抑え、できることは自分でする

1店舗目の出店は思い入れが強いもの。慣れない銀行との交渉や、事業計画の作成など、初めての体験の連続です。ドキドキのスタートでしょう。
それでも、1店舗目の成功率はある程度高いのも事実です。
それは、オーナー自身がスタイリストとして自ら売り上げをつくることが出来るからです。
自分がお客様から支持されているということは、経営上、非常に強力です。
1店舗目の経営ではスタイリスト時代にはなかった、オーナー業の基本をマスターしましょう。

1店舗目の出店ポイント

1 損益分岐点の計算をする

売り上げがいくらあれば利益が出るのか、その際の自分の人件費がいくらか、と想定しておきます。軌道に乗るまで、少なくとも数か月は厳しいでしょう。当面は、自分の給料をギリギリのラインで設定しておいてください。利益の計算は、資金の流れを把握するため、自分で作成することが、成功へのポイントです。

利益の意識を常に持つことが、サロン経営の基盤。計画は、売り上げを少なめに、経費を多めに考えて検討しましょう。

2 資金繰りを計算する

銀行の返済、リースの支払いなどを一覧にして検討しましょう。ディーラーへの支払いも、当初はお願いしてできるだけ長めにしてもらいましょう。これだけでも、ずいぶん資金の流れが楽になります。

3 個人事業で開業する

設立しやすくなった法人ですが、何かと維持費がかかるので、当初はコストのかからない個人事業で始めるのがおすすめです。申告などは自分で行いましょう。困ったときだけ専門家に頼むとよいでしょう。

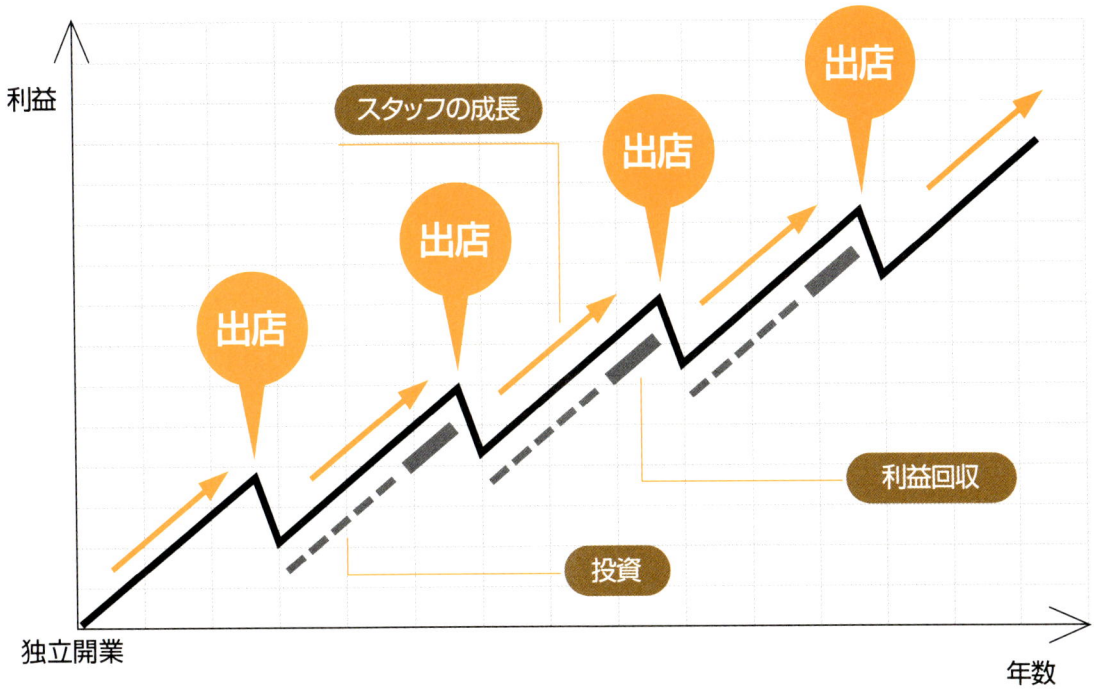

ゆるやかな右肩上がりの経営モデル

4 見栄を張らない

店舗の大きさはもちろん、スタッフ数も設備も、なるべく最小限からスタートしましょう。利益が出たら、その時に経費を増やすようなしくみにしておくのがコツです。内装など、集客に不可欠なもの以外はできれば、パソコンなどを使って、自分で出来ることは自分でする。そうすることで、初期コストを最小限に抑えましょう。営業が軌道に乗り、利益が出るようになれば、それでいろいろなことが出来るようになるのです。最初はコストをかけない方法を考えましょう。

5 将来の目標を考える

将来2店舗を展開するかどうか、青写真を考えていきましょう。スタッフが成長すれば、店舗展開は必要になります。いつかは2店舗目を、という意向があるのでしたら、将来に向かって、今から店のコンセプトをしっかりと考え、出店という投資のための資金づくりも勉強しておきましょう。また、オーナーとしての自分が不在のときでも、サロンがきちんと回るしくみづくりを考えましょう。サロンの繁栄は教育の質で決まります。どのようなしくみで教育していくのか、今から準備しましょう。

chapter 1

夢のスタート
2店舗目の出店
多店舗展開の重要ポイント。
十分に人を育ててから出店をすること

将来、多店舗展開を考えている人にとって、重要なポイントは2店舗目の出店です。
2店舗目が成功するか否かにより、それ以上の出店が可能かどうかにつながります。
しかし、現実的に2店舗目は戦力が弱い状態での出店になりがちです。
2店舗とも自分の売り上げでカバーしていくことができないので、
どちらかを誰かに任せなくてはなりません。経験の浅いスタッフに店長としての負担をかけすぎると、
退職などという事態にもなりかねないのが2店舗目のよくある失敗。
逆に、店長に期待しつつ不安も拭いきれず、オーナーが動いてしまいがちです。
複数店舗を展開するとは、スタッフの数を増やすことで、オーナー1人では出せないような
大きな成果を上げることが目的のはずです。何でも自分でやらなければ気が済まないなら、
店舗を増やさなければいいのです。
2店舗の段階では従業員数が5〜10人という構成も多く、
スタッフ1人の退職が与えるインパクトも大きくなります。
2店舗目の重要性を把握し、以下のチェックポイントを確認しましょう。

2店舗目出店のポイント

1 店舗管理方法の準備をする

店長候補に対して、必要な管理方法を準備して、以下に挙げる管理は最低限任せるようにしましょう。
●現金の管理、遅刻欠勤の管理、売り上げ、指名数の記録、掃除、棚卸のルールづくり、接遇、顧客対応、マーケティング活動　など

2 退職者が出た場合の対応を考える

2店舗目の運営でよく問題となるのがスタッフの退職により店が混乱してしまうこと。特にスタイリストが退職してしまうと利益計画が崩れ、1店舗目の利益で補填せざるを得なくなります。また、人材が育たないうちに出店するとスタッフに負荷がかかり、その結果、退職になってしまうことも多く起こります。

いざ、退職された時でもフォロー体制ができる、という前提で出店をすることが重要です。そのため、1店舗目の近くに出店するなど、立地も検討してみてください。

3 既存店の売り上げは下がるものとして計算する

　1店舗目のお店から、スタイリストとお客様の何割かが移動します。必然的に1店舗目のお店の売り上げは元の水準より下がることを想定しておかなければなりません。

　1店舗目はすべてにおいてオーナーの目が届きますが、2店舗になると、どうしても目の届かない部分が出てきます。軌道に乗るまでの間、オーナーは2店舗目に意識が集中しますから、1店舗目が不安定になりがちです。計画は、ある程度、厳しく見ておく必要があります。

4 人数増加に伴う福利厚生の必要性

　人数が増えるということは、何をするにもコストが上がります。2店舗目で法人化をするのは難しいかもしれませんが、将来、組織を法人化することを考えて、福利厚生の準備を始めましょう。

　美容サロンの場合、人材の定着は店舗繁盛の重要な要素。2店舗の規模では、スタイリスト1人が退職するだけで、経営がガタガタになることがあるくらい、基盤が安定していません。店舗を増やすなら、従業員の長期雇用が不可欠。そのために、安心して働ける環境をつくるべきです。

5 コンセプトづくり

　2店舗のうちどちらかにはオーナーが不在の状態です。オーナーがいなくても、オーナーと同じような気配り、お店や仕事への情熱、仕事の責任感を、スタッフに期待するのは難しいものがあるかもしれません。しかし、お客様に選択されるためには、店の個性が欠かせません。1店舗目でオーナーがつくりあげたコンセプトを基に、存在感を出していくべきです。消費者のサロンを選ぶ眼は厳しくなっています。出店を考えるならばコンセプトをしっかり持ってお店を運営し、スタッフと共に実践していく必要があるのです。

chapter 1

経営能力が問われる3店舗目以降

会社としての機能を強化し、幹部・スタッフの教育に力を入れる

3店舗目以降は、経営者としての手腕が問われます。
オーナーが自分1人で管理することが不可能な規模になるからです。
従業員も増え、雇用の安定や地域への貢献など、社会的な使命を持つようになってきます。
オーナーはスタイリストとしてのサロンワークの時間を少しずつ減らし、
店舗管理のしくみ、人材の教育、評価、イベントの立案など、
これまで以上に経営者としての業務が増えてくることでしょう。

3店舗目の出店ポイント

1 店舗管理のしくみをマニュアル化する

　店長の役割を明確にしましょう。どこまでを店長の判断として任せるのか、どの部分はオーナーである自分の判断が必要なのか。店長が現場で迷わないようにわかりやすくルール化しておく必要があります。オーナー以外は判断ができない店では営業に影響が出ます。従業員も増えればお客様も増えます。さまざまなことに対応する余力をオーナーは持たなければなりません。オーナーの目の届かない時間も増えるでしょう。ある程度までは、店長に任せることが必要です。これまでの仕事を整理して、マニュアル化する必要があります。

2 就業規則、給与制度などの整備

　1店舗のときには起こらなかったようなことでも、店舗が増え、人数が増えるとさまざまな問題が発生してきます。スタッフが常に前向きで、働きやすいように、労働条件や服装など、しっかりとしたルールづくりを考えましょう。
　さらに、店のコンセプトにあった給与制度に、能力給を導入したり、スタッフの頑張りを厚遇できる評価のしくみを用意する必要も出てきます。オーナーにしかわからない評価、わかりづらいしくみは不満を招きます。できるだけ透明に、頑張れば評価される内容でスタッフのモチベーションを上げましょう。

3 人材教育の重要性

　美容サロンの繁栄は、教育が最重要な要素です。アシスタントをスタイリストにさせるための教育だけでなく、オーナーの右腕となる店長の教育も重要になってきます。店長などには、責任と裁量を明確にし、やる気を引き出しましょう。店長や教育担当者が、オーナーの考えるコンセプトをよく理解して教育や指導が出来るようになれば、その後のサロン規模の拡大も具体的に考えることが出来るようになります。

4 出店段階の利益状況

　3店舗目の利益計算の方法として、オーナーがスタイリストで活躍している場合には、その分をスタイリストの人件費として経費を計算します。自分の人件費を加えてもお店の利益が出るのかどうかがカギ。計算しておきましょう。

　3店舗目以降になると、店長会議や幹部会議など、各店から人が集まっての話し合いになるので会議室などの場所も必要となります。そろそろ本部機能も考えていくべき時期となります。計画には、本部経費の予算なども組み込んでおきましょう。

5 ブレインの必要性

　2店舗まではなるべくコストを掛けずに、さまざまなことに対処することをおすすめしましたが、3店舗目以降になると、オーナーは経営上のさまざまなことに対処していかなければならなくなります。税務面では、美容サロンに強い税理士、人事面では制度の見直しなどに対応ができる社会保険労務士、法務面では弁護士など、ブレインの知恵を必要することになるでしょう。会社としての経営を考えていくためには、プロの知恵が欠かせません。規模の拡大に伴い、ブレインの活用を考えていきましょう。

小松利幸（ANTI）

開業は結婚と同じです。
スタッフを想い、一緒に悩み考えること。
理解しあって一緒に笑えること。

　僕が独立を決意したのは、美容師ブームのさきがけの頃。当時、僕は女性雑誌を月に30誌くらい担当していました。これだけ仕事をしているんだから独立してもやっていける。掲載誌さえドンと持って銀行に行けば、融資なんてすぐに受けられる、と思っていたんです。

　しかし、現実は甘くなかった。当然、門前払いです。それから、真剣に開業準備を始めましたね。

　開業後1年間の月ごとの売り上げと、人件費から材料費までの細かい経費も算出しました。さらに、このメインプランから売り上げが下回った場合、上回った場合のプランも作成。人材育成の考え方、どのくらいの期間、どんな教育内容でスタイリストに育てるのか、教育プランもつくりました。それに、僕が描く美容室像や夢をプラスして、金融機関に融資の審査に望んだのです。

　僕は一匹狼タイプ。自分の思ったことを実現するために、1人で走り抜けるのが好きなんです。しかし、そんなボスにはスタッフはついてこない。止まって振り返り、戻って手を差し伸べなきゃいけない。僕が疲れたと言えば、みんなも疲れる。だから、ネガティブなことは口にしない、グチもこぼさない。営業後は全員で笑いながら掃除をする。スタッフは僕をみて美容とは何かを学ぶのですから、背中の見せ方が大事だと思いました。

　美容大好き、考えていることがすべて美容につながる。でなければこの仕事を続けるのは難しい。そういう美容師を育てるため、僕は教育を重視しています。だから、採用はアシスタントのみ。開業3年目にはスタイリストは僕1人に対し、アシスタントは25人。僕が思い描く美容室像がその頑張りを支えましたね。

　こうして毎日を過ごすうちに気がついたこと。一匹狼だと思い込んでいた僕の性格ですが、チームリーダーにも向いていたんです。自分の可能性を自分で決めてしまうのはもったいない。競争する相手は他人ではなく自分なんです。自分に負けることがなければ、道は必ず開けます。

Chapter 2

自分マーケティング

借金するってどういうこと? ………… 48

サロンを経営するということは、
数字で考える習慣を持つ
ということです。
数字を分析していくと、
課題が見えてきます。
数字が苦手だという人は
多いのですが、
慣れてくればそれほど
苦痛ではありません。
まずは、自分の実績を数字で
整理してみましょう。
ここでのエクササイズは、
事業計画書をつくる上でも
役に立ちます。

chapter 2

数字で考える *Exercise 1*

あなたの現在の実績　（過去1年分を振り返ってみよう）

最初に、あなた自身を数字で見てみましょう。数字を眺めてみると、改めて見えてくるものがあります。

	総客数	指名客数	技術売上	店販売上	総売上	営業日数
月	人	人	円	円	円	日
月	人	人	円	円	円	日
月	人	人	円	円	円	日
月	人	人	円	円	円	日
月	人	人	円	円	円	日
月	人	人	円	円	円	日
月	人	人	円	円	円	日
月	人	人	円	円	円	日
月	人	人	円	円	円	日
月	人	人	円	円	円	日
月	人	人	円	円	円	日
月	人	人	円	円	円	日
合計						

あなたの実績を分析する

左の表を元に、さらに細かく分析をしてみましょう。

12か月の総売上　　　　　　　　　　　　　　Ⓐ 1か月の平均売上

[　　　　　円] ÷ 12か月 ＝ [　　　　　円]

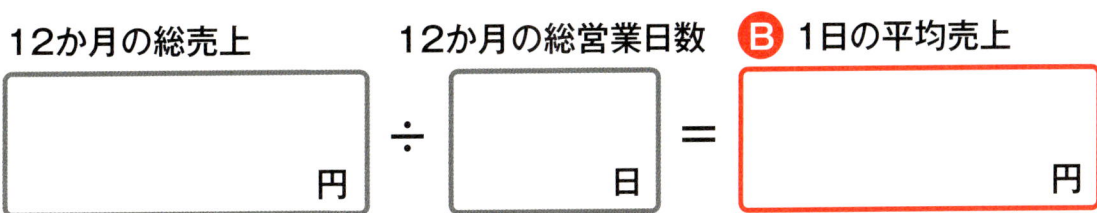

12か月の総売上　　12か月の総営業日数　Ⓑ 1日の平均売上

[　　円] ÷ [　　日] ＝ [　　円]

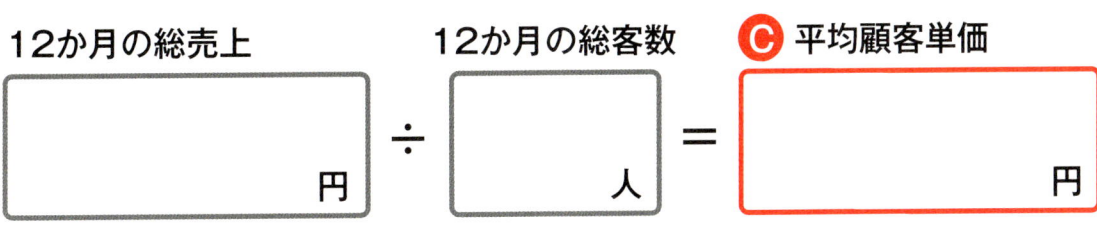

12か月の総売上　　12か月の総客数　　Ⓒ 平均顧客単価

[　　円] ÷ [　　人] ＝ [　　円]

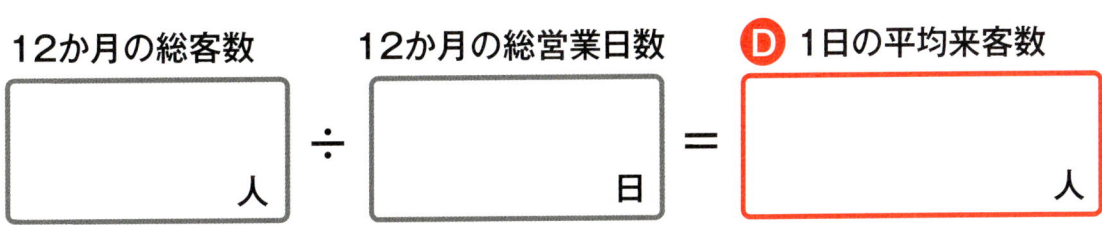

12か月の総客数　　12か月の総営業日数　Ⓓ 1日の平均来客数

[　　人] ÷ [　　日] ＝ [　　人]

chapter 2　29

数字で考える *Exercise 2*

指名顧客のリターン率を分析する

あなたの顧客はどのくらいの期間にどれくらいリターンしているでしょうか。
先月来店してくださった顧客が、次にいつ来店するのか調査してみましょう。

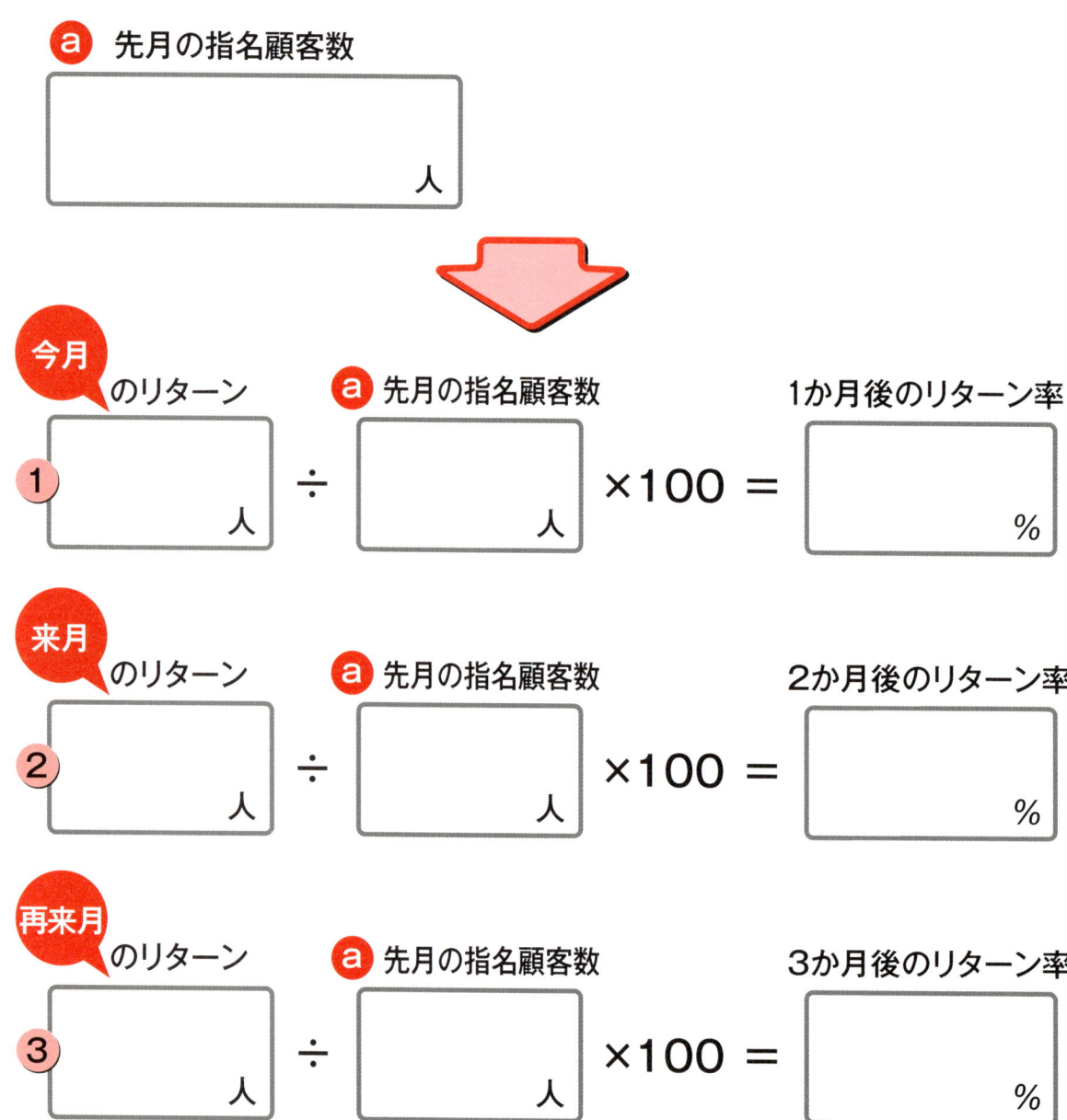

数字で考える Exercise 3

独立後の指名顧客の見込み数

以前勤めていたサロンからお客様が通える範囲で出店した場合、
あなたが見込める指名顧客の数を計算してみましょう。

あなたの指名顧客総数

×0.3 =

独立後に見込める指名顧客

　個人情報保護法が施行されて以来、顧客名簿はサロンで厳重に管理することになっており、担当スタイリストとはいえ、顧客に許可なく勝手に連絡を取ってはいけないことになっています。
　また、特に女性顧客は男性顧客に比べると、サロンの立地や周辺環境、インテリアなどを含めて総合的な評価をしている傾向もあり、必ずしも担当技術者に対してロイヤリティが高いとは言い切れません。
　独立後、それまで指名してくださったお客様が、引き続き通ってくださる数はおよそ30%として計画を立てることをおすすめします。

ただし、

- 円満退社
- 独立のお知らせを指名顧客に知らせても良い、という許可がある
- 出店場所が今の店と近い

　オーナーが独立に理解を示し応援してくれて、指名顧客に正式な案内が出せる場合、新店舗にはおよそ半分の50%が通ってくださる、と計算しておくと計画が大きく狂うことがないでしょう。
　顧客を呼ぶのはお店の仕事であり、リターンをさせるのはスタイリストの仕事です。店側の努力もあった上で、現在の自分の売り上げが成り立っているのです。何人ものアシスタントが貢献してくれて、売り上げが上がっていくことも事実。あなたのたった1人の実力だけで達成できているわけではない、という事実を忘れないでください。

数字で考える *Exercise 4*

問題解決方法を身につける

ここからは、数字をベースに問題を解決する方法をエクササイズしていきます。
独立してオーナーになれば、日々の売り上げや予算の使い方など、常に考えなくてはいけません。
今のうちからこうした思考に慣れておきましょう。

あなたの独立はいつ？

| 年 | 　　　月 | の予定 |

あとどれくらいある?

| 年 | 　　か月 |

独立までの間に実績をできるだけアップさせよう

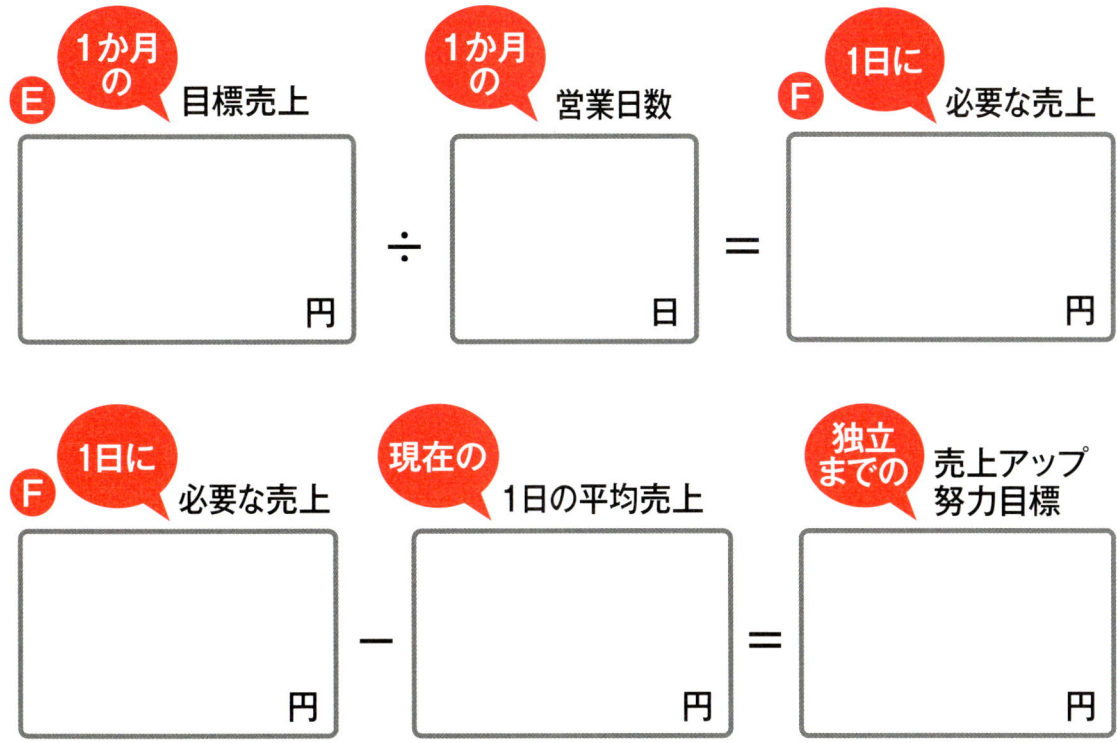

　独立後は、店の売り上げをどうやって上げていこうか、頭を悩ませることもあるでしょう。売り上げ目標を掲げても、ひたすら頑張るだけでは、うまく売り上げが伸びません。1か月の目標なら、それを営業日数で割って1日の売り上げ目標を計算し、現在の1日の平均売り上げを引けば、伸ばすべき1日の売り上げ数値が出てきます。その数字を実現させるためには、どのようにアプローチすればよいか考えていきます。売り上げを上げるためには「顧客数を増やす」、「顧客単価を上げる」、「来店周期を短くする」の3つが考えられます。ここでは、「顧客数を増やす」、「顧客単価を上げる」の2つを考えてみましょう。

Plan A 顧客を増やす

まずは、顧客をどうしたら増やしていけるか、という視点で考えてみましょう。

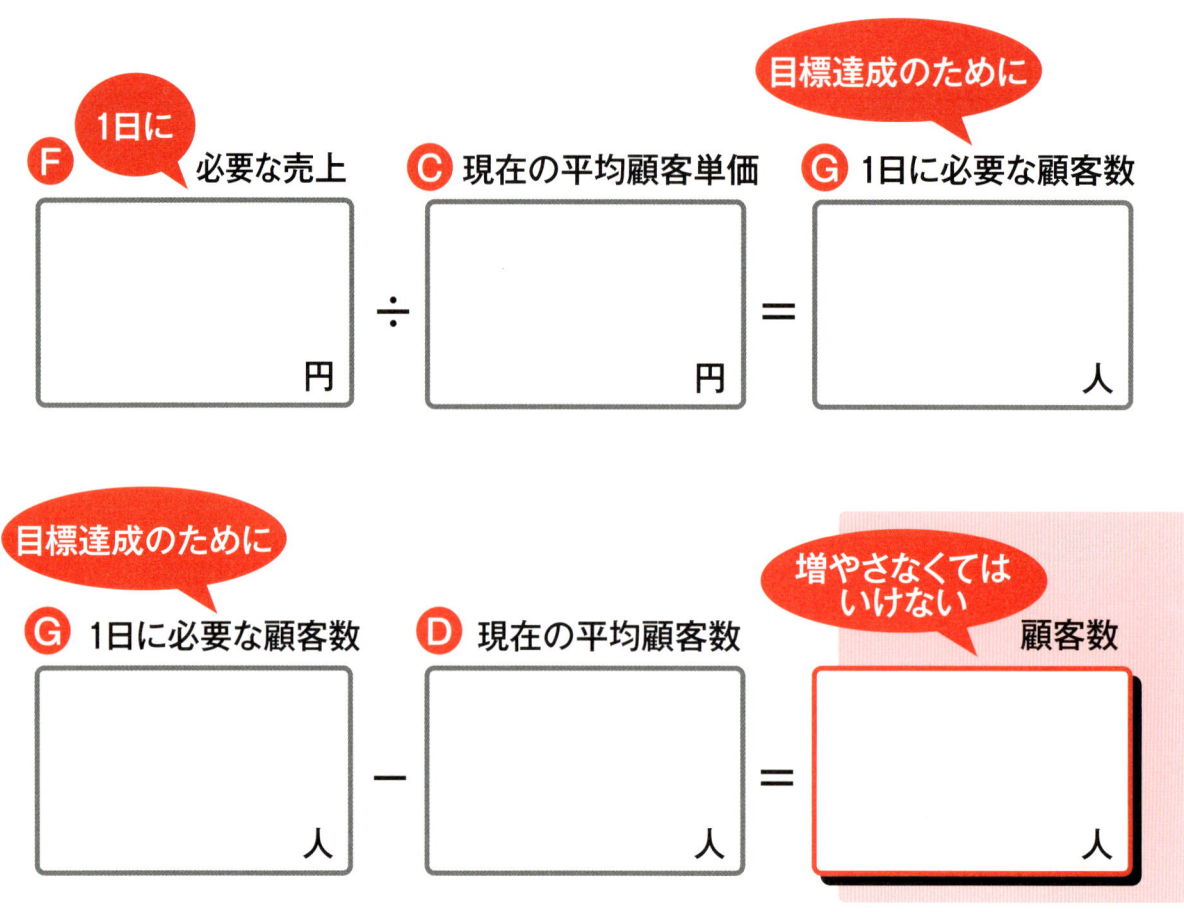

　1日に増やすべき顧客数が出たら、それをどのように増やしていったらいいか考えましょう。顧客を増やすためには「新規顧客を増やす」、「紹介客を増やす」の2つが考えられます。まず、あなたの現在の顧客の各年齢層、職業やライフスタイルを調べ、偏りを調べましょう。さらに、次の表を使って、1週間の各時間帯を調べ、顧客の少ない時間帯を調べてみましょう。自分の強みと弱みを理解した上で、どのような対策があるのか考えましょう。

Check！ 時間帯による顧客数の偏りを調べてみよう

	月	火	水	木	金	土	日
9:00							
10:00							
11:00							
12:00							
13:00							
14:00							
15:00							
16:00							
17:00							
18:00							
19:00							
20:00							
21:00							
22:00							

chapter 2

1　顧客の少ない時間帯に顧客を呼ぶために、どんな工夫が考えられるか？

工夫その1・

工夫その2・

工夫その3・

工夫その4・

工夫その5・

2　紹介客を増やすために、どんな工夫が考えられるか？

工夫その1・

工夫その2・

工夫その3・

実践してみた結果

1か月後の変化	2か月後の変化	3か月後の変化
人	人	人

4か月後の変化	5か月後の変化	6か月後の変化
人	人	人

Plan B 顧客単価を上げる

次に、顧客単価をどうやって上げたらいいか考えてみましょう。

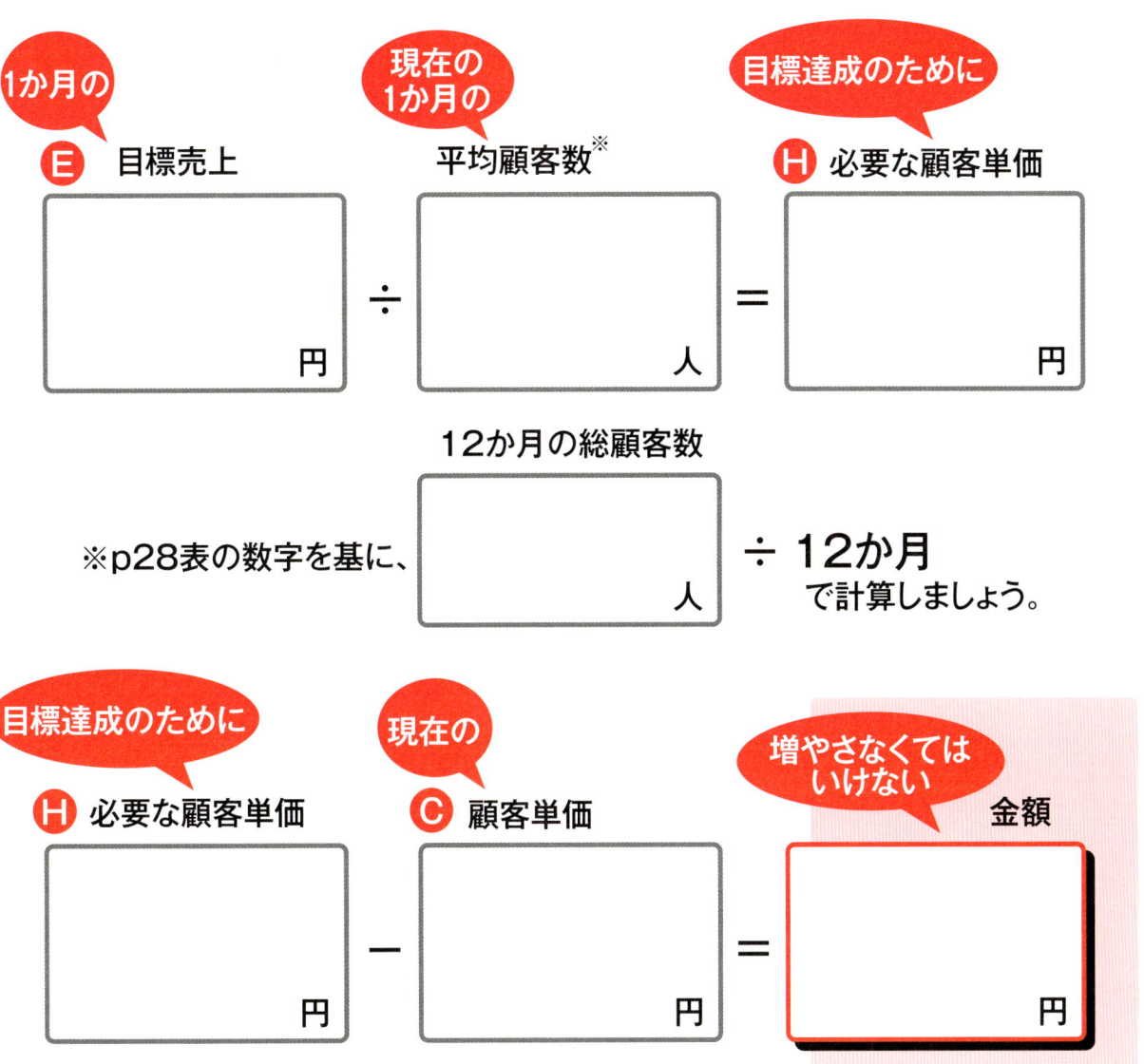

アップすべき金額がわかったら、具体的にどうやって顧客単価を上げていくか考えてみましょう。次からのページであなたの売り上げの内訳を分析して、強みと弱みを見つけていきましょう。

Check！ あなたの売り上げを分析してみよう

ⓑ 先月の総売上

[　　　　　　　　　円]

先月の総顧客数

[　　　　　　　　　人]

内訳

① カット売上

[　　　　　　　　　円]

② 指名料

[　　　　　　　　　円]

③ カラー売上

[　　　　　　　　　円]

カラー比率

[　　　　　％]　（③÷ⓑ×100）

④ パーマ売上

[　　　　　　　　　円]

パーマ比率

[　　　　　％]　（④÷ⓑ×100）

⑤ トリートメント売上

[　　　　　　　　　円]

トリートメント比率

[　　　　　％]　（⑤÷ⓑ×100）

⑥ 店販売上

[　　　　　　　　　円]

店販比率

[　　　　　％]　（⑥÷ⓑ×100）

顧客単価を上げるためにどんな工夫が考えられる?

工夫その1・

工夫その2・

工夫その3・

工夫その4・

工夫その5・

実践してみた結果

1か月後の変化	2か月後の変化	3か月後の変化
円	円	円

4か月後の変化	5か月後の変化	6か月後の変化
円	円	円

数字で考える *Exercise 5*

コストバランスを考える

サロンを安定的に経営をしていくためには、どのようなコストバランスならうまくいくのでしょうか。
ここでは、基本的な考え方を紹介します。

原田賢司（MINX） p40～p45

安定的な美容室経営のコストバランス
（店の売上＝100％）

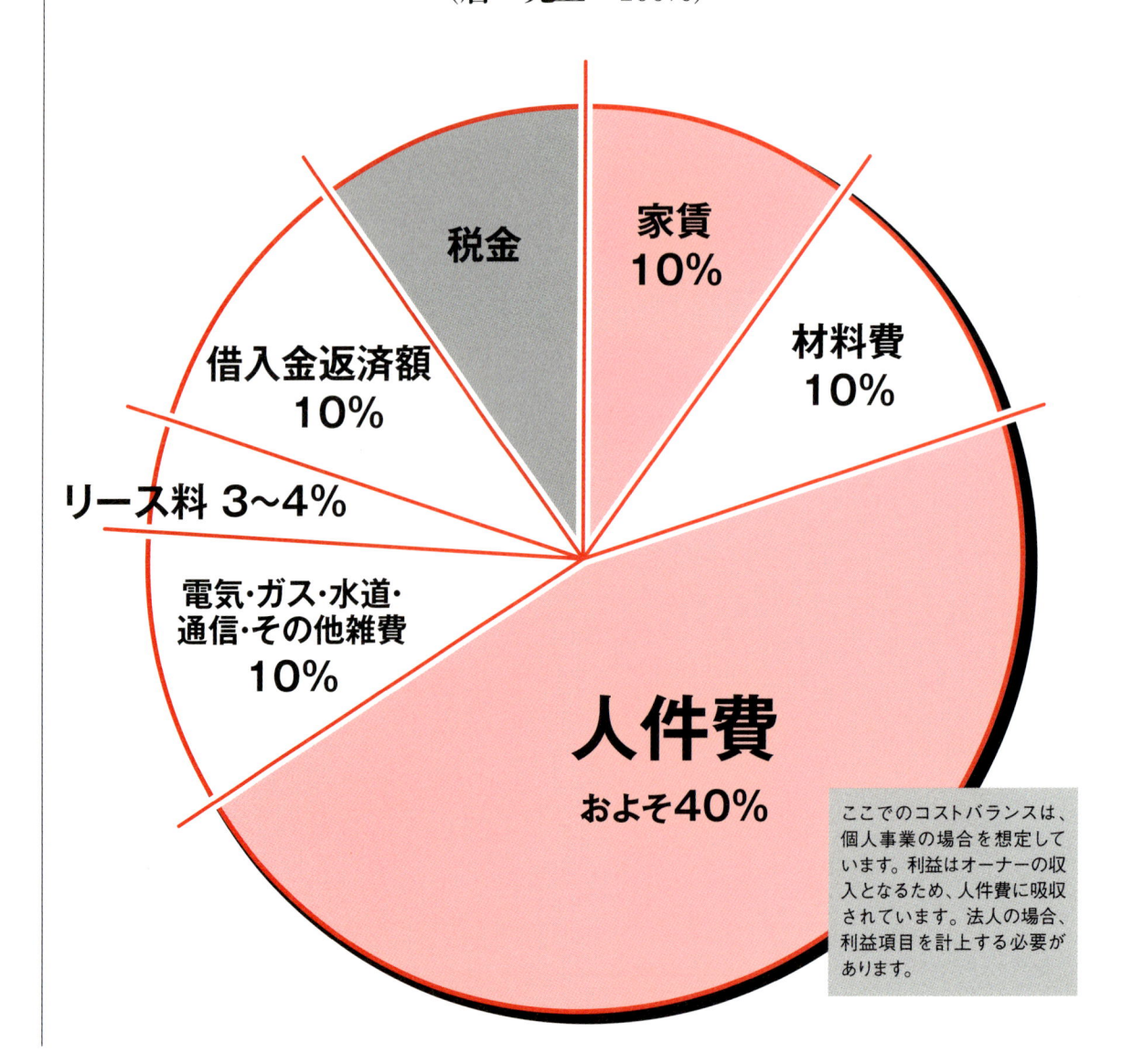

- 税金
- 家賃 10%
- 材料費 10%
- 借入金返済額 10%
- リース料 3～4%
- 電気・ガス・水道・通信・その他雑費 10%
- 人件費 およそ40%

ここでのコストバランスは、個人事業の場合を想定しています。利益はオーナーの収入となるため、人件費に吸収されています。法人の場合、利益項目を計上する必要があります。

経営を持続させるための構成比

美容室を安定的に経営していくためには、どのように考えていったらいいでしょうか。店の売り上げを100%としたとき、個人店の平均的なコストの構成は円グラフのようになります。売り上げが大きくなれば、コストの%は変化していきますし、利益を出していくために、コストのどこを圧縮していくかを考えていくのがオーナーの仕事となります。

こうしてみると、美容室の経営には人件費が大きくかかっていることがわかります。利益を出すために、最初に人件費を削ってしまう経営者がいますが、これはおすすめできません。美容室はスタッフのモチベーションが売り上げに直結する業種です。美容業界が「教育産業」と言われるのは、人に投資をしないと経営が成り立たないからなのです。人件費よりも他に先に削れるコストはないか、知恵を絞りましょう。

家賃比率の上昇？

最近の美容室経営で、経費が上がりつつあるのは「家賃」と「社会保険」です。
「家賃」に関しては、都心部の一等地や人が多く集まる場所において、局地的に地価の上昇傾向が見られます。

美容業界だけでなく、流行る店、流行らない店の2極化が進んでいますので、家賃が安い路地裏のわかりにくい場所よりも、家賃が高くても大通りに出店したほうが集客がある、という考え方もあります。しかし、確実な売り上げが見込めるのならともかく、立地だけでは、確実に集客できるという保証はありません。さらに、家賃比率が上がってしまうとコスト構造に必ず無理が出てしまいます。

予想される売り上げに対して、無理のある物件（＝家賃）を借りてしまうと、安定的にサロンを経営していくことは難しくなります。物件は時間をかけてていねいに探していくと、必ず予算に合うものに出合えます。慎重に判断していきましょう。

人件費の一部である「社会保険」に関しては、これまで法人サロンの多くが厚生年金保険に加入していませんでした。会社負担が大きく経営を圧迫する、という理由です。しかし、世の中はコンプライアンス（法令順守）の流れと、人材確保のための労働条件整備の影響で、厚生年金保険へ加入する法人サロンが増えています。法人サロンでスタートする場合には、最初に社会保険の負担を組み込んだ経費計画を作成することが望ましいでしょう。

chapter 2

開業時のコストはどう構成する?

開業時はどのようにコストを考えたらいいでしょうか?

　毎日きちんと売り上げがあり、経費が売り上げを上回らなければ、経営は成り立ちます。開業時のコストを考えるときは、月の売り上げをいくらに設定するかが重要です。実際の売り上げが計画より下回ってしまう状況は避けたいものです。できれば、実際の売り上げが計画を上回れるように、シビアな計画を立てておくほうがいいでしょう。

　前のサロンから離れた地域に出店する予定でしたら、最初の6か月は現在の売り上げの半分以下。現在の売り上げを達成するにも、1〜2年はかかるかもしれません。独立の条件にもよるでしょうが、少なくとも、現在の売り上げから2〜3割は減らした額で計画しておくほうが、オープン後の気持ちに余裕が出るでしょう。

　スタイリストを雇用する予定の場合も同様です。期待しすぎると計画が大幅に狂ってしまいます。求人広告などでスタイリストを雇用しようと考えているなら、雇用できない可能性もあります。自分1人の売り上げになる場合の計画も立てておきましょう。

　最初のサロンを失敗させないためのカギになるのは「家賃」です。物件の間取りや立地が気に入って、店舗を維持するコストをよく考えずに契約をしてしまい、家賃が経営を圧迫してしまう、ということがあります。こうした失敗をしないためにも、最初にコストバランスを頭に入れておき、家賃の幅を決めておくといいでしょう。「借入金返済額」、「リース料」にも注意しましょう。集客のためには、ある程度は開業時にコストをかけるべきですが、経営を圧迫するほどコストをかけてしまうのでは意味がありません。コストバランス(p 40)にあるように、「借入金返済額」、「リース料」は、それぞれ売り上げの10%、4%を目安にしておくことをおすすめします。

　開業時のコストを計算しやすくするために、簡単な計算式を用意しました。家賃と自分の給料をいくらに設定できるか、目安にしてください。

まずは、あなた1人の売上で計算してみましょう。

① あなたの月の売上（独立後の予測）

円

② 材料費
（①売上の10%で計算）

= ☐ 円

③ 電気・ガス・水道・
　　通信・その他雑費
（①売上の10%で計算）

= ☐ 円

④ 人件費
（売上確保に必要な
　　　　アシスタントの数）

= ☐ 円

⑤ リース料
（①売上の4%で計算）

= ☐ 円

⑥ 借入金返済額
（①売上の10%で計算）

= ☐ 円

サロンの適正な家賃とあなたの給料を計算してみよう

前ページに記入した数字を元に、サロンの家賃とあなたの給料を算出してみましょう。

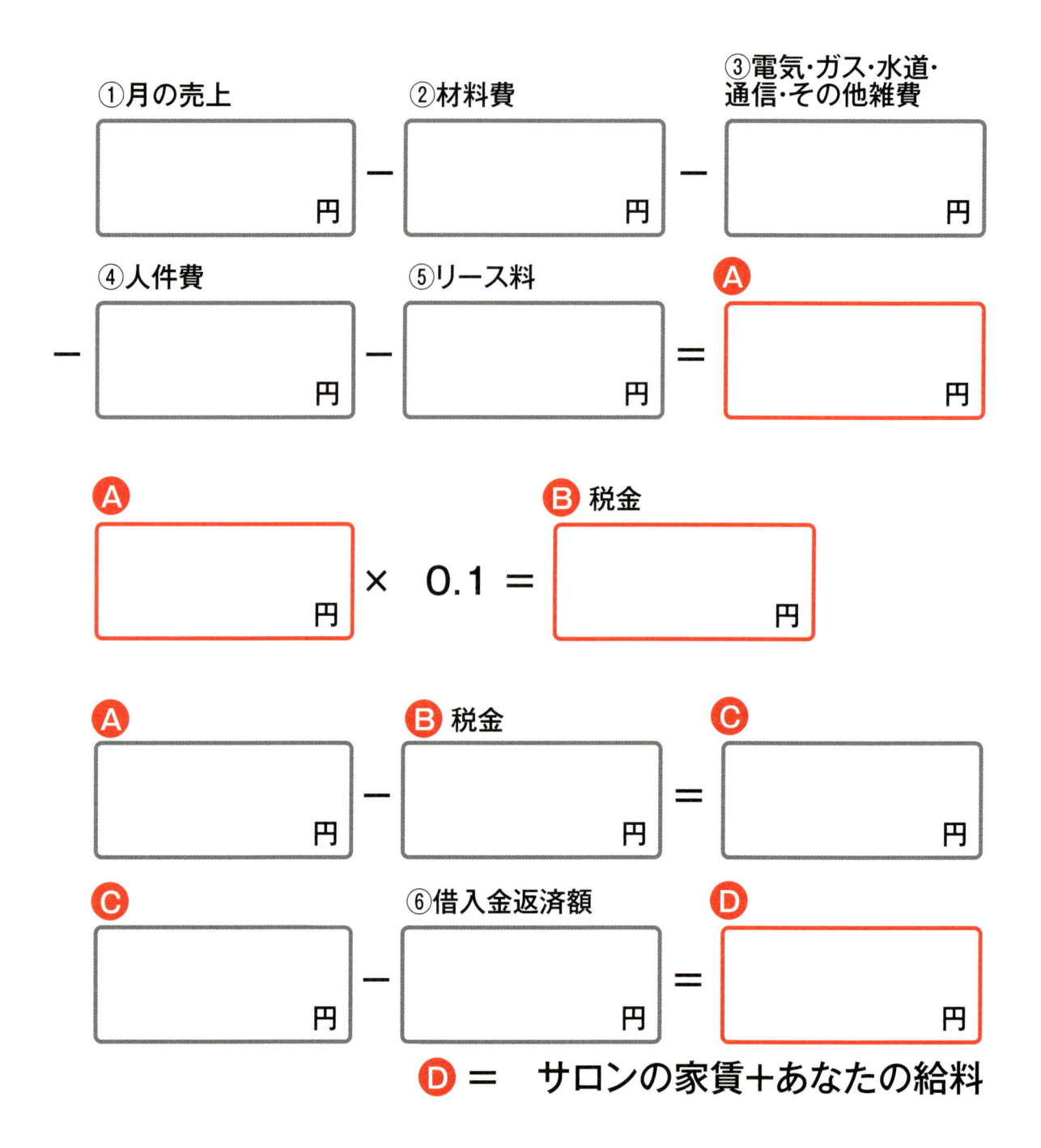

①月の売上 □円 － ②材料費 □円 － ③電気・ガス・水道・通信・その他雑費 □円

－ ④人件費 □円 － ⑤リース料 □円 ＝ Ⓐ □円

Ⓐ □円 × 0.1 ＝ Ⓑ 税金 □円

Ⓐ □円 － Ⓑ 税金 □円 ＝ Ⓒ □円

Ⓒ □円 － ⑥借入金返済額 □円 ＝ Ⓓ □円

Ⓓ ＝ サロンの家賃＋あなたの給料

（例）月の売上100万円の場合　（アシスタント1名雇用）

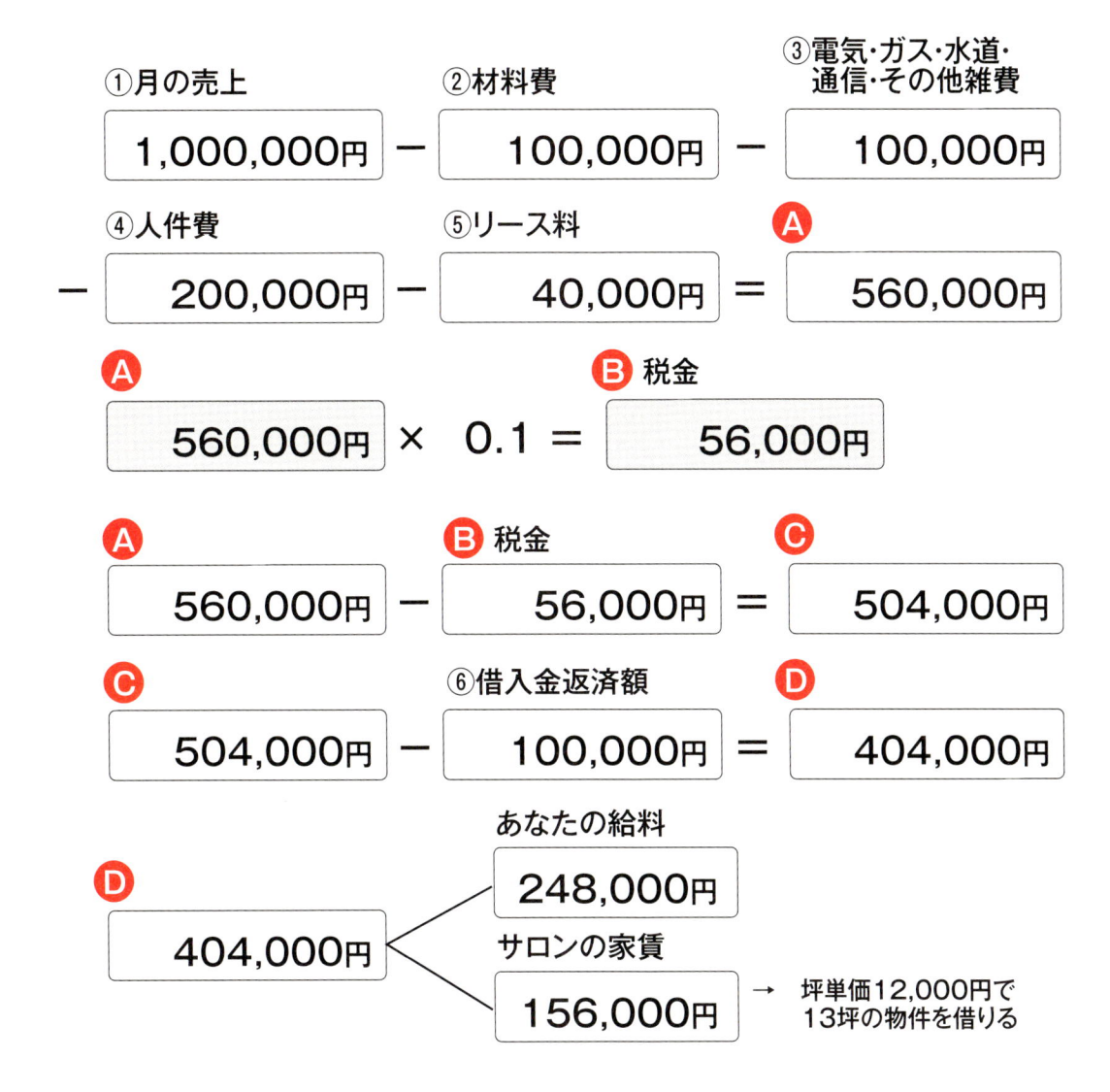

```
①月の売上        ②材料費         ③電気・ガス・水道・通信・その他雑費
1,000,000円  －  100,000円   －   100,000円

   ④人件費         ⑤リース料         Ⓐ
－  200,000円  －   40,000円    =   560,000円

   Ⓐ                        Ⓑ 税金
   560,000円  ×  0.1  =     56,000円

   Ⓐ              Ⓑ 税金           Ⓒ
   560,000円  －  56,000円    =   504,000円

   Ⓒ           ⑥借入金返済額        Ⓓ
   504,000円  －  100,000円   =   404,000円

                  あなたの給料
                   248,000円
   Ⓓ        ─┤
   404,000円     サロンの家賃            → 坪単価12,000円で
                   156,000円                13坪の物件を借りる
```

　この計算式では、月の売り上げから必要経費を引いた後、そこでいったん、税金を10％かけます（実際は、売り上げ額が高くなれば％が上がります）。そこからさらに借入金の返済額を引き、家賃とあなたの給料を算出します（実際は、家賃とあなたの給料は経費にできます。借入金の返済額は経費にできません）。

　上の例では、100万円の売り上げで計算をしてみました。オーナーであるあなたの給料は24万8千円、家賃の予算は15万6千円としました。月の売り上げが150万円でアシスタントを2名雇用すると想定した場合、家賃とあなたの給料は合わせて51万6千円になります。あなたの給料を26万6千円、家賃の予算を25万円とした場合、坪単価15,000円なら16坪の物件を借りることが可能です。

数字で考える Exercise 6

独立開業に向けて、あなたが準備できる資金

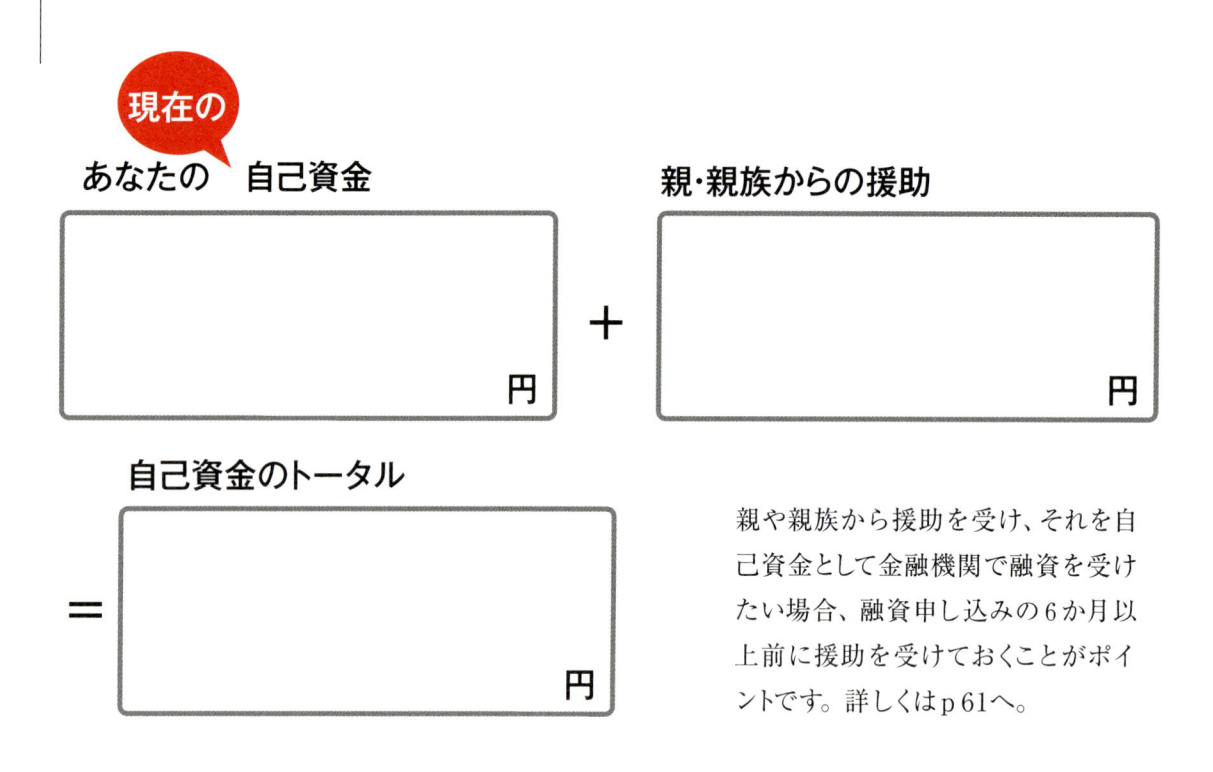

現在の あなたの 自己資金

[　　　　　]円

＋

親・親族からの援助

[　　　　　]円

＝ 自己資金のトータル

[　　　　　]円

親や親族から援助を受け、それを自己資金として金融機関で融資を受けたい場合、融資申し込みの6か月以上前に援助を受けておくことがポイントです。詳しくはp61へ。

独立までにいくら増やす？

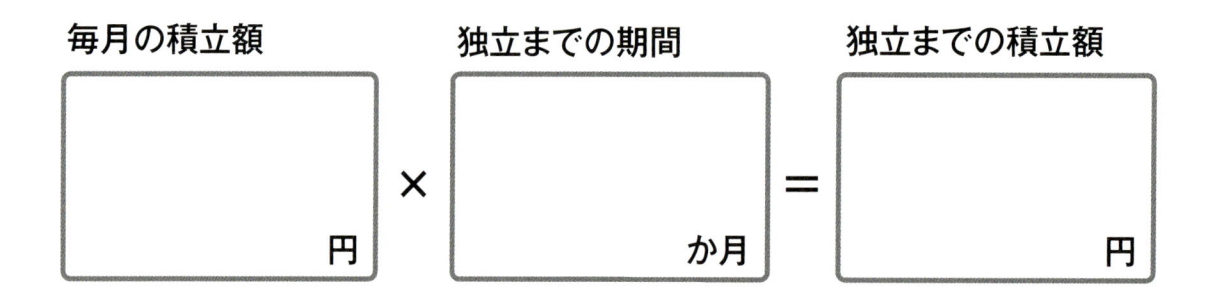

毎月の積立額

[　　　　　]円

×

独立までの期間

[　　　　　]か月

＝

独立までの積立額

[　　　　　]円

自己資金が大切なわけ

　自己資金とは、あなたがサロンをオープンさせるために、最初に始める準備の1つです。毎月決まった額をコツコツと、何年もかけて貯めていくことはとても大変です。それでも予定額まできちんと貯めるということは、それだけあなたの決心が固く、開業への想いが強い、ということの現れです。金融機関で融資を受けるときは、あなたのやる気やオーナーとしての資質を、自己資金の実績で評価されるのです。

　また、担保や保証人がない場合、融資の基準は自己資金の額そのものになります。自己資金が少なければ融資額もその分低くなりますから、希望通りの条件で開業することが難しい、ということにもなるのです。

　また、自己資金が多ければ借り入れ額を少なくすることができます。借り入れが少なくなれば、当然、月々の返済額が少なくなるのです。営業が軌道に乗るまでにはどうしても時間がかかります。思わぬ出費が重なることもありますから、月々の返済額が少なければ、それだけ負担が軽くなるのです。

　自己資金は多ければ多いほどいいのですが、少なくとも開業資金の30%は準備するようにしましょう。

借金するって、どういうこと?

金利は1年間の利子をあらわしている

　公庫や銀行などの金融機関からお金を借りる場合には、必ず利子がつきます。利子は「金利○％」と表されますが、これは元金(借りたお金)に対して1年間の利子が「○％」になる、という意味です。

　例えば500万円を「金利2％」で借りて「5年で返済」する場合を考えてみましょう。

　まず最初に元金の500万円を5年間で返済するといくらになるかを計算してみます。500万円を60か月で割ると、1か月83,333円となります。この例では、元金は同額を返済し続ける、という返済方法を採用します。

　さて、利子はいくらになるでしょうか。元金の500万円に対して金利2％ですから、500万円の2％で10万円が利子と考えがち。しかし、これは1年間500万円をずっと借りて、1年後に返済する場合の金額なのです。借りて1か月目の返済は、年間の利子10万円の12分の1、10万円÷12で8,333円となります。

　1回目(1か月目)の支払い額は、元金分の83,333円と、利子分の8,333円を合わせた、91,666円となります。

　次の月は、1回目の元金を83,333円減らした491万6,667円に対して2％の利子を計算します。それが98,333円。1回目と同様に12で割って1か月分の利子は8,194円になります。ここに毎月の元金返済分を足した額、91,527円が2回目(2か月目)の支払額となるのです。

　この要領でどんどん単純計算したのが下の表です。実際の融資は各金融機関によって異なりますが、ここでは借りたお金を返すイメージをつかんでおきましょう。

返済回数	元金	元金返済額	利息支払額	支払い総額
1回目	500万円	83,333円	8,333円	91,666円
2回目	491万6,667円	83,333円	8,194円	91,527円
3回目	483万3,334円	83,333円	8,055円	91388円
●				
13回目	400万円	83,333円	6,666円	89,999円
●				
36回目	208万3,345円	83,333円	3,472円	86,805円
●				
60回目	8万3,353円	83,333円	138円	83,194円

500万円を金利2%と6%で「5年」返済の場合

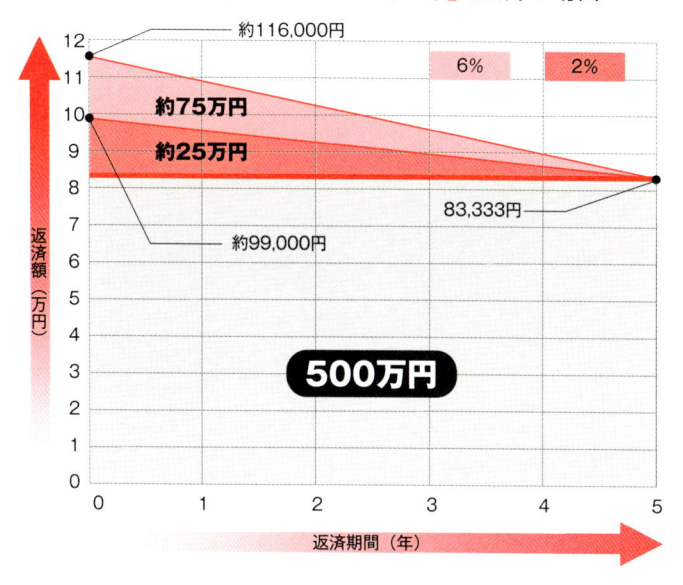

グラフ：
- 約116,000円
- 約75万円
- 約25万円
- 約99,000円
- 83,333円
- 500万円
- 6%、2%
- 縦軸：返済額（万円）0〜12
- 横軸：返済期間（年）0〜5

注／実際の返済額の算出方法は各金融機関によって異なります。なお、利子の支払い時期などによって、左ページの単純計算の数字とは異なります。

500万円を金利2%と6%で「7年」返済の場合

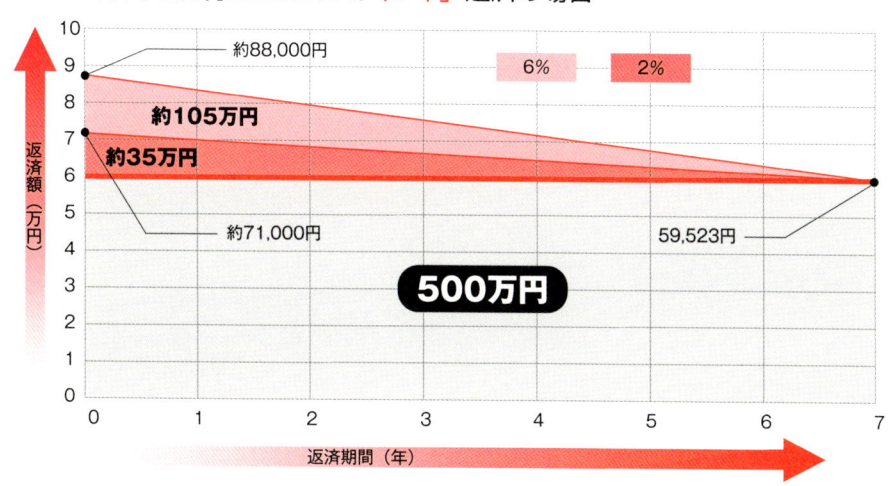

グラフ：
- 約88,000円
- 約105万円
- 約35万円
- 約71,000円
- 59,523円
- 500万円
- 6%、2%
- 縦軸：返済額（万円）0〜10
- 横軸：返済期間（年）0〜7

金利は1年間の利子をあらわしている

　借りたお金は返さなくてはなりません。そこで問題になるのは、「返済額の総額」と「月々の返済額」。500万円を借りた場合の国民生活金融公庫の返済方法に準じたシミュレーションをグラフにしてみました。

　グラフをご覧になってわかるように、金利と返済期間によって、返済額が大きく変わってきます。金利が高ければ返済総額も月々の額も高くなります。返済期間が長くなれば、月々の返済額は低くなるものの、返済総額は高くなります。当たり前のことですが、そこはしっかりと理解しておきましょう。ちなみに、公的金融機関や公的創業支援制度を利用したほうが金利は安くなる、というのが一般的な傾向です。

国民生活金融公庫は、株式会社日本政策金融公庫（日本公庫）となりました。

chapter 2

自分を整理する *Warming Up 1*

理想のサロン像を分析する

出店するときに大事な6つの条件について、現在の希望を書き出してみましょう。
夢を現実に近づけていくために、頭の中を整理していきましょう。

東川仁（株式会社ネクストフェイズ／旧資金調達）

出店の際に整理しておきたい6つの条件

1　コアターゲット

2　立地

3　物件の広さ

4　内装

5　メニュー・価格

6　初期投資額

　出店時期が間近に迫っている人は、初期投資額を第一に考えなくてはなりません。しかし、出店までに時間があるなら、他の条件を第一優先にして、必要な分だけ自己資金を貯めて、第一優先の条件を現実に近づけることができるのです。実際には、この6つの条件を少しずつ調整しながら出店ということになるのですが、後から後悔するような譲歩をしてしまわないために、あなたが考えるサロン像を整理しておきましょう。

コアターゲット

あなたのサロンは誰に対してアピールしたいですか？
結果としてさまざまな層のお客様に来店していただくことになるかもしれませんが、
広告やDMを展開するなら、あなたは誰を中心に情報を提供しますか？
あなたが考えるコアターゲットを明確にしていきましょう。

Step 1 あなたのサロンに来てほしいのは誰ですか？
次のページに書き出しましょう。

Step 2 その中で、特に上顧客になって欲しい人は誰ですか？
次のページに書き出した名前を○で囲みましょう。

Step 3 Step 2で選んだ顧客の共通店は何ですか？
下の表に書き出してみてみましょう。

項目	選んだ顧客に共通していること
年齢層	
顧客単価	
ライフスタイル	
ファッション	

Step 1 あなたのサロンに来て欲しい顧客の名前を書き出してみましょう。

立地

あなたが出店したいのはどんな場所、条件ですか？
希望する駅、通りの名前や、通りの様子、そこに歩く人の様子など、
立地に関して希望していることやイメージすることを書き出してみましょう。

Key Words

駅前・駅前商店街・住宅街・ロードサイド・ショッピングセンター・
学校・オフィス街・商店街・幹線道路・バス通り・路地裏・
駅から徒歩○分・(目安となる建物から)車で○分・
駐車場・駐輪場・乗降客数・昼間人口・夜間人口・路面店・
半地下・2階・3階以上

あなたが希望する立地

物件の広さ

物件の広さは、売り上げを確保するのに必要なセット面の数によって変化します。

あなたが希望する物件

坪数（広さ）	
セット面の数	
シャンプー台の数	

内装

美容師にとって、センスの見せどころとなるのが内装。
どのようなインテリアを考えているのか、色や素材、雰囲気など、考えていることを書き出してみましょう。

あなたが希望する内装

メニュー・価格

現在のあなたのカット料金が基準の1つとなりますが、出店する地域の料金を調査して、最終的に調整しましょう。売り上げに直結しますから、十分考えておきましょう。

あなたが希望する価格

カット	円 ～	円
カラー	円 ～	円
パーマ	円 ～	円
トリートメント	円 ～	円
	円 ～	円
	円 ～	円
	円 ～	円
	円 ～	円

他に展開したいと考えているメニュー

初期投資額

オープンまでの希望費用

6つの条件から見えてくること

　すべて記入したら、すべての条件が整合しているかどうか確認してみましょう。

　例えば、20歳代後半から30歳代の仕事を持つ女性がコアターゲットで、立地は住宅地、しかし、そこにはターゲットとなる年齢層が暮らしていない、ということはありませんか？　大人の女性よりもビジネスマンが多い立地ではありませんか？　大人の女性が落ち着ける立地や内装ですか？　メニュー展開はどうでしょう？

　自分の店を持ちたいという夢は大きく広がるものですが、1つ1つの条件がバラバラになっていることはよくあります。書き出してみると、矛盾した部分が見えてきます。できれば、友達や家族など第3者にも見てもらって意見を聞くといいでしょう。

　実際に物件を探し出し始めると、家賃や保証金、敷金との兼ね合いで条件を変更することが出てきます。競合店調査をしたら、地域の平均的な料金と、自分が設定している料金に格差があることを発見するかもしれません。希望している内装では初期投資額に合わない、ということもあるでしょう。それでもサロンのコンセプトやコアターゲットなど、これから始めるサロンの基本となる部分がしっかりしていれば、納得できる出店になるはずです。

　他のサロンにはない魅力を出して、多くの顧客にアピールするためにも、理想のサロン像を整理しておきましょう。

自分を整理する *Warming Up 2*

あなた自身を振り返る

自分の店のコンセプトや方向性を考えるためにも、あなた自身のことを見つめておきましょう。
美容師として歩んできた道のりを考えると、何かを発見できるかもしれません。

あなたの歴史

美容学校	学校	年卒業
美容師免許	年取得	
管理美容師資格	年取得 （この資格がないと実質的に開業はできません）	

職務経歴書

店舗名	勤務歴	職階や役職
	年～　　年	
	年～　　年	
	年～　　年	
	年～　　年	

あなたの現在の指名顧客

年代	～10代　　人　　20代　　人　　30代　　人 40代　　人　　50代　　人　　60代～　人
所属 （職種）	●学生　　人　　●社会人（独身）　　人 ●社会人（既婚・子供なし）　　人　　●社会人（既婚・子供あり）　　人 ●主婦　　人　　●男性　　人　　●その他（　　）人

chapter 2

大久保美幸 (GIRL LOVES BOY)

保健所に税金のことで
電話をしたくらい何もわからずにスタート。

　最初は自分の部屋で仕事をはじめようかと思ったんですが、さすがにそれでは狭すぎるので、物件を探しました。結局、原宿で12.5坪の店をスタートさせたわけですが、美容の仕事以外は、すべてが初めて。経営に関することは何も知らなかったんですね、私。保健所に税金のことで電話をしましたから（笑）。今思うとありえないことなんですが、税務署と保健所の違いをちゃんと理解していなかったわけですからね。

　ゼロから始めたお陰で、私も学習機能を持ちました（笑）。特に税金に関しては、源泉徴収や住民税から消費税まで、すべて税務署に行って、一から教えてもらいました。美容室の税務に関しては、今では完璧です！　オープンしてからの12年間、税理士さんにお願いしたことはありません。税金に関しては、すべて自分でやっています。

　個人的には、お店は狭いほうが好きなんです。スタッフがお客様とぶつかりそうになりながらカニ歩き（体を横に向けて歩き）して働いている感じです。そういう混雑している店の雰囲気が好きなんですが、ありがたいことにお客様が増えて、最初の店では手狭になって、50坪（原宿竹下通り入り口のビル）に拡張移転しました。そのときには、区の金利補助制度を利用しました。公的な制度を知ったお蔭で助かりましたね。

　私の場合は、美容を続けるために店をつくったわけです。とにかく、人をかわいくできる空間をつくろう！というのが理由です。最初にオープンしたときは、お客様もいなかったのですが、なぜか、ひそかに私自身は大丈夫だと思っていました。

　勤めていたときには、自分が頑張れば何とかなってきたわけですが、経営者になると、そうはいきませんね。スタッフのことをしっかり考えなければなりません。今の若いスタッフは、ゆとり教育を受けた世代です。週休2日が当たり前だと思っています。スタッフはすべて女性なので、結婚、出産、育児のためにも、週休2日、モデルハントも1か月に3時間。近いうちに、週休3日にしたいと思っています。仕事は楽しく続けて行きたいですからね。

Chapter 3

資金調達のしかた

リースの基礎知識 72

開業するために、いちばんの
カギとなるのが資金調達。
希望額の融資を受けるためには、
開業への熱意と将来性が
審査のポイントとなります。
熱意と将来性を、
わかりやすい言葉と、
具体的な数字で
示していきましょう。
資料のつくり方から融資の
手順までを解説します。

chapter 3

金融機関を納得させる事業計画書のつくり方

美容室を開業したい人のほとんどは、金融機関からの資金調達が必要でしょう。
普段は付き合いのない金融機関。何をどうすればいいのかわからないことだらけです。
金融機関では融資決定までに最低でも3人、多ければ7人以上の担当者の承認印が必要です。
支店の営業（窓口）担当者や貸付担当者にはじまり、支店長や本部の融資部や審査部など、
たくさんの人に理解してもらう必要があるのです。ですから、文書にまとめることが大切です。
それが「事業計画書」。「事業計画書」を上手につくると資金調達力は格段に上がります。
「資金調達のできる事業計画書」を作成しましょう。

文/東川 仁（株式会社ネクストフェイズ／旧資金調達）

金融機関が重視するもの

1 熱意

　私は仕事柄、いろいろな金融機関の支店長や融資担当者と会います。よく「融資の判断はどこですか？」と質問するのですが、ほとんどの方が「第一印象」と答えます。実際には第一印象だけで融資を決めることはありません。しかし、彼らが第一印象で「OK」と判断したケースのほとんどが融資を受けているのが実態です。
「はじめて会った時に目を見れば、その方に熱意があるかどうかわかります」と彼らは言いますし、融資担当をしていた私の経験からもまったくそのとおりだと思います。

　熱意のある人は雰囲気でわかります。そういう人は、多少の障害があっても途中であきらめず、乗り越えようとします。しかし、「とりあえず独立を」という人は、問題が起こった場合、あきらめてしまうことが多い。あきらめてしまったら、貸した資金は回収できません。金融機関の職員はそのことを経験上知っています。どんなにおとなしそうに見える人でも本当にやりとげたいと思っているなら、熱意は視線や態度に、さらには事業計画書にも現れているものなのです。

2 自己資金

「美容室を開業するのが長年の夢だった」人は、夢を叶えるために少しずつ資金を貯めています。若い美容師の給料が多くないことくらい金融機関も知っています。その少ない給料から貯金をした、という努力を担当者は評価するのです。逆に、自己資金がほとんどない場合、「計画性のない人」、「常識のない人」という判断をされがちです。最低でも、開業資金の1/3は自己資金の目安として用意しておきましょう。

3 経験

　金融機関は「実績を重視する」という傾向があります。その事業が成功するかどうか判断しやすいからです。初めての取引先の場合、金融機関の判断基準は「その業態における経験」「その地域における経験」「その顧客層に対する経験」となります。「経験」=「申請者の実績」と考えますので、経験の多い人には有利です。美容師歴が短い場合は「経験した内容の質」で勝負しましょう。「通常の3倍以上の数の顧客を担当した」、「店で1番の売り上げを12か月間続けた」といった内容のアピールが「実績」として評価されます。

融資を受ける際に留意しておくべきこと

1. いいかげんな事業計画書はダメ！

開業希望者が資金調達を行う場合、最も重要視されるのが「事業計画書」です。いいかげんでは説得力に欠け、金融機関に疑問を持たれてしまいます。立地や顧客ターゲットといった内容や、集客計画、返済計画など、すべてにおいて整合性があることが求められています。

2. 自己資金要件について

無担保・無保証人で、国民生活金融公庫や信用保証協会の保証つき融資を受ける場合は、「自己資金」がどれだけあるかということが、最も重要です。

国民生活金融公庫の場合、「創業資金の3分の1以上の自己資金を確認できる」というのが必要要件。信用保証協会の場合は、地方自治体の融資制度によって細かい内容は異なりますが、およそ「創業資金の5分の1以上の自己資金を確認できる」ということが必要です。

「自己資金が十分にあったのに『自己資金が足りない』と融資を断られた」という話をよく聞きます。これは、用意した「自己資金」が「自己資金」と認めてもらえなかったことが原因です。このことを「自己資金要件を満たしていない」と言います。「自己資金要件」とは、一般的には①6か月前から、②自己の名義で、③どこかの金融機関に預けられていたもの、ということ。

ですから「タンス預金」や「最近、親からもらった資金」は「自己資金」としてはみなしてもらえません。

なお、「退職金」「相続を受けたもの」「国からの補助金」等については、上記3要件を満たしていなくても、「自己資金」として取り扱ってくれる場合があります。いずれにしても、事前に「自己資金」にあたるかどうかの確認をしておくべきでしょう。

借金、ローンと融資の関係

融資を受けることができない条件に「借金」があります。特に、消費者金融にお金を借りて、現在、返済中の人は、融資を受けることができません。完済してから融資の申し込みをしましょう。

住宅ローン、自動車ローン、時計や着物などの長期ローンの場合。2年分の返済合計額を自己資金から引いた額で査定が行われます。例えば、自己資金が500万円で、各ローンの2年間の返済合計額が200万円の場合、自己資金は300万円と換算されます。

クレジットカードのリボルビング払いやボーナス払いは問題はありませんが、カードローンを利用している場合は査定の対象となります。こちらも完済しているほうが望ましいでしょう。

借金やローンの記録は信用情報センターというところで管理されています。金融機関は必ず照会します。黙っていたらバレない、ということはありません。後でバレると信用がなくなり、融資に影響が出ますのでご注意ください。

chapter 3

金融機関を説得する資料のつくり方

金融機関を説得するための「事業計画書」を含めた資料作成のポイントをご紹介します。

事業計画書

「事業計画書」とは『自分の事業がどれだけすばらしく、どのように成功するのか伝えるもの』なのです。控えめに書く必要はありません。最も大切なのはアピールすることです。美容師として他の人とは違う「強み」は、出し惜しみをしないでどんどん書き込んでください。事業計画書の量は多くなっても構いません。材料はとことん出し尽くしましょう。

以下は美容室開業のための事業計画書を作成する上で必要な項目と、その解説です。

❶ 表紙
「作成日」「店舗名」「代表者名」「店舗所在地」「電話番号」「FAX番号」「メールアドレス」「ホームページURL」を記入します。

店舗所在地は、仮契約している物件の住所を、店舗の電話番号やファックス番号が決まっていない場合は"未定"と記入します。

店のホームページを立ち上げていなくても、ブログなどで開店までの情報を公開しているなら、そのアドレスを記入しましょう。パソコンを所有しておらず、携帯のメールアドレスしか持っていない場合は"未定"とします。

❷ 店名
「お店の名前」「店の名の由来」を記入します。キャッチフレーズがあれば、そのキャッチフレーズも「お店の名前」の前に記入します。

❸ 事業の概要
どういうお店にするのか、店の特徴を200文字程度で説明します。人が黙って聞いてその内容を再現出来る限界がおよそ30秒、文字数にすると200文字程度。30秒でお店の説明ができ、その内容に特徴があれば、人に紹介されやすい＝クチコミが起きやすくなります。開業後、店の宣伝に役に立ちますので、つくっておきましょう。

❹ なぜ美容室を開業しようと考えたのか
開業の動機を記入します。ただ単に「自分のスキルを活かしたいから」というのではなく「丁寧な技術と手入れがしやすくワンランク印象をアップさせるヘアスタイルの提供により、顧客の心が豊かになり、クオリティ・オブ・ライフの向上、さらには地域貢献へつなげたい」など、どれだけの想いがあって自分が美容室を開業したいのかを深く書き込んでください。あなたの熱意を一番伝えることの出来る項目です。ここで熱意と執着心を感じさせることが出来れば、資金調達の可能性は高くなります。

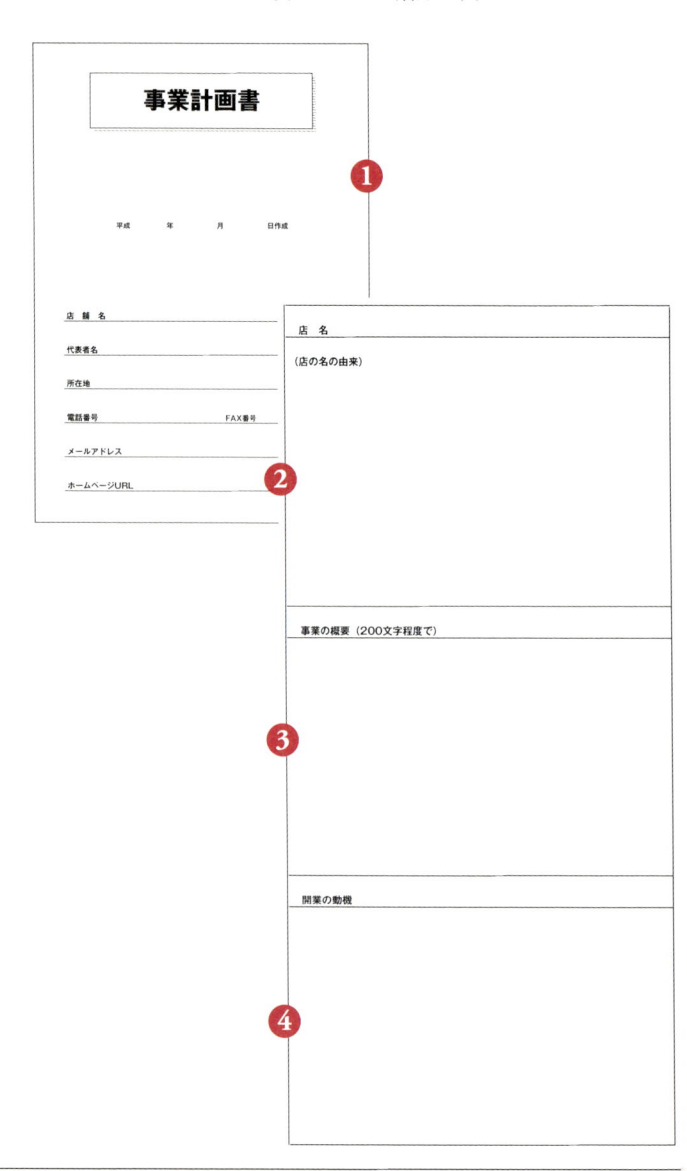

❺ 経験・経歴・実績（アピールポイント）

　経歴を単に羅列しているだけのものを見ますが、それではあまりにももったいない。経験や実績は金融機関が重視するポイントです。あなたにはどんな能力があるのか、何で成功したのか、そして今までの実績がこれから開業する店にどのように役立つのかを書きましょう。

　例えば、「店長という立場で、スタッフの話を聞く時間を設け悩みや提案を丁寧に聞き、店の改善につなげた。売り上げが前年比で10％上がっただけでなく、スタッフの定着力につながった」「商店会の付き合いを提案。全員で店の外であいさつを徹底し、商店会の通りの掃除を自主的に行うようにしたら、商店会の人たちの来店が増え、紹介客が店全体で5％アップした」「スタッフの身だしなみ、言葉づかい、あいさつの指導を担当。改善点が徹底された2か月後から顧客単価が徐々にのび、1年後には平均6,800円から7,100円に伸ばすことに成功した」など、数字も交えて具体的にアピールしましょう。

❼ 顧客ターゲット・顧客ニーズ

　中心的な顧客層（メインターゲット）と、そのターゲットが何を望んでいるのかを記入します。商売をする上で大切なことは、「メインターゲット」を明確にすることと、「メインターゲットが望むサービス」を提供することです。
メインターゲットがはっきりとイメージ出来ていないと、そのターゲットに合わせた「店の雰囲気」「価格」「メニュー」「サービス」などを決めることができず、集客力の弱い店となってしまいます。
「流行っている店」というのは、「○○という顧客層に強い」という特定のターゲットに対して強みを持っています。例えば、「20歳代後半～30歳代でブランド志向のOL」をメインターゲットにしているお店なら、そのターゲットの望む「価格」「メニュー」「サービス」をはっきりとわかりやすい形で提供しているため、顧客満足度は高いのです。そして、そのわかりやすさは「紹介しやすさ」につながり、その結果メインターゲット層の顧客が集中するという好循環が生まれるのです。ここでは出来る限り、具体的なターゲット像を表すことが重要です。広すぎるターゲットでは、金融機関が評価できません。

❽ 店舗についての詳細

　立地・店舗レイアウト・席数他、開店するお店に関する詳細を記入します。

　美容室の場合、「熱意」・「自己資金」・「経験」の次に金融機関が重要視するのは「立地」です。「なぜ、その場所なのか」という理由がはっきりしていれば問題ありません。一般的に好立地と呼べる場所でなくとも、「ここには、立地上、こんなにメリットがあります」ということをきちんと説明してください。

　そのためには、周辺地域や前の道の人通りなどの調査が必要です。自分で十分調査した結果、好立地であると判断できたのであれば、その調査結果をもとにすれば、金融機関は納得するでしょう。

❻ 自店の商品・サービスの特徴

　あなたのお店の商品やサービスの内容を具体的に記入します。ここは、あなたの店が、他の店との違いを感じさせるものがないといけません。ターゲットとなる顧客が、「なぜ、あなたのお店を選ぶのか」という理由がここになければ、お客様は来店してくれないからです。

「お客様の満足を引き出すため、カウンセリングシートを活用する。前回のヘアスタイルで困ったこと、今回希望することや相談したいこと、髪質や手入れに関する悩みをアンケートで聞き、確実な提案につなげる」「来店後すぐにサンキューメールを出し手入れの仕方をアドバイス、そろそろ手入れをしたほうがいい時期になったらお誘いDMを出して次回の提案をする。タイミングを狙ってお客様に必要な情報を提供して再来店率を上げていく」など。

　だれがこの事業計画書を見ても、「この店は他の店とちょっと違うぞ」と感じさせることが必要です。

経験・経歴・実績
❺

事業内容
自店の商品・サービスの特徴
❻

顧客ターゲット・顧客ニーズ
❼

店舗についての詳細
❽

❾ 市場規模・成長性

出店する立地のまわりには、ターゲット顧客が多数いるのか？ その場所は、まだまだターゲット顧客が増えそうな場所であるのか？ ということを記入します。

数年後に大きなマンションが建つ、企業の本社ビルができるなど、将来、顧客増を見込める予定がある場合は、立地に対する説得力も増します。

❿ 競合優位性

近隣（半径2km程度）の競合店のターゲット、特徴、価格帯などを調査し、調査した内容とその店舗群と比較した場合の自店の勝っている点を表にします。

ターゲットが同じである場合、競合優位性のない店舗なら、当然、他の店舗に顧客をとられてしまいます。ターゲットが違うのであれば、例え隣に美容室があったとしても影響はない、ということです。

⓫ 販売活動基本方針

サービス内容に幅を持たせるため、メニュー展開は大切です。しかし、収益力が低いサービスを揃えすぎて、あまり使わない設備をたくさん抱えてしまうのも問題です。バランスが必要です。

あらかじめ販売活動の基本方針を決めておけば、自店では何を売るべきかがはっきりするため、安定した収益を上げることが可能となります。そのためには、どういうコンセプトで顧客に接するのかもここで考えておく必要があるでしょう。

例えば、「メインターゲットは20～30代の働く女性を。パーマは、コールドを中心に、アイロンストパー、ホット系を。カラーはブラウンベースを中心に、ホイルワークを加え、ファーストグレイ対応の薬剤までを厚く揃える。トリートメントを充実させ、この世代が興味を持つ和服に対応できるよう、着付けとセット・アップのメニューを加える」など。

来店客割合もあらかじめ考えておきたいもの。リピーターのみで紹介がなければ、来店客数が先細りするのは目に見えていますし、新規顧客ばかりだといつも集客に頭を悩ませることになります。

新規顧客の100％再来店が理想的ですが、現実的にはかなり難しい。紹介割合と、新規顧客の再来率など、目標来店顧客割合を決めておけば、対処がしやすくなります。

⓬ 価格

どういう考え方に基づいて価格を決めたのか。競合店のメニューや価格や、これまで働いてきた店の価格を参考にしながら決めましょう。価格設定の理由がはっきりしていることも大切です。

⓭ 集客

来店客を確保するために何をしたらいいでしょうか。ここでは、顧客に自店の存在を知ってもらうための告知方法と、知ってもらった方に来店を促す集客方法の両方を考える必要があります。この項目に関しても、金融機関は重視します。集客戦略が弱ければ、当然顧客は来店してもらえませんし、そうなると十分な売り上げや利益が確保できません。「なるほど、こうすれば顧客は来店しますよね」と納得させるものにする必要があります。

具体的には、折込チラシ・ポスティング・ホームページ・クチコミ・紹介・フリーペーパー・DM・チラシの手渡し・クーポン・テレビ広告・新聞広告・パブリシティ・他店との提携・他業種との提携等いろいろありますが、費用対効果を考えながら、説得力のある戦略を示してください。

⓮ 現時点の見込み顧客
（売り上げのベースとなりえる顧客）

開業した時点での、見込み客リストと攻略方法を記入します。開店時に「オープンのお知らせ」を送る先のリストと考えましょう。

前の店の顧客だけでなく、友人や知人、親戚や、かつて名刺をもらった方など。知り合いが店を出せば、1度は店に行ってみよう、というのが人の気持ち。店にとっては、開店は最大のイベントです。それを利用するのです。

このリストに載っている顧客が多ければ多いほど、売り上げが安定すると見てくれます。金融機関には守秘義務があるため、実名でも問題ありません。

プレオープンにご招待、自分のこれまでの活動を詳しく紹介して、美容師としてのレベルを認識してもらう、など。リストに載った人たちにリピートしてもらうために、どのようなサービスや差別化をするか、工夫する点も一緒に提出しましょう。

⓯ 協力者・提携先

協力者や提携先が多い方というのは、人物やその事業に魅力があるからと判断できます。特に、前に勤めていた美容室やそのオーナーが協力者として名前が上がっていた場合は、円満退社と判断できます。以前の担当顧客の誘導も容易にできるのではと解釈をしてもらえます。円満退社の場合は強くアピールすると良いでしょう。

⓰ その他

これまでの項目では書いてこなかった、アピールしたい内容や戦略を記入します。自分に有利になることであれば、どんどん記入してください。

例えば、「有名人とお友達である」といったことや、「親戚が化粧品メーカーのオーナーなので、格安で化粧品が入手できます」というようなことでも結構です。

事業計画書を作成するときの留意点

1 まずは箇条書きをして、書き込むネタをすべて出すこと

事業計画書を作成するときには、自分の考えていることをすべて出すことが重要です。まずは、各項目について、考えていることを箇条書きにして、できるだけ多くのものを書き出してください。そして、後でそれを見ながら文章を考えていくと、内容の濃い事業計画書となります。

2 思いっきりアピールすること

事業計画書の目的は、資金調達を行うために「金融機関から理解を得る」こと。

そのためには、事業計画書の中でのアピールが重要であることを忘れないでください。少しぐらいオーバーでもかまいません。

3 何回も書き直してみること

事業計画書は何回も書き直してはじめて完成するものです。書くのがいやになったら休みつつ、何度も書き直しながら作成してください。後の章でも説明しますが、わからないことがあればその部分は空けておき、専門家に相談すればよいのです。自分ひとりの力だけで完成させる必要はありません。

4 必ず他人に見てもらうこと

自分だけで書いた事業計画書は内容がどうしても独りよがりになりがちです。そうなると、せっかくいいアイデアを持っているのに、そのアイデアが他人に伝わりにくくなってしまうのです。

第三者に読んでもらって、内容が理解できるかどうか確認してもらいましょう。

もし、他の人に見せたときにわからないところがあるとすれば、その部分は書き直さなければなりません。

5 汗をかいた成果を見せること

金融機関を説得する材料としての事業計画書ですが、この効果をもうワンランク上げる方法。それは、「時間と身体を使い、汗をかいた成果が事業計画書から読み取れること」です。競合店調査や立地調査などの具体的な「調査結果報告書」を作成すれば、あなた自身で汗をかきながら調査したことを理解してくれます。

あなたの熱意を感じさせる資料となるだけでなく、その場所における実績がはっきりわかるものとなります。「熱意」と「実績」をはっきりと見せることができるのです。

数値計画書

数値計画は借入・返済をする上において、最重要資料となります。数値計画上で借りたお金が返済できないようになっていれば、そんな計画を立てた融資希望者に到底融資することは出来ません。いくら熱意があっても、どんぶり勘定では、絶対にお金は貸してもらえません。

数値計画の正確さには十分に留意してください。これが間違っていれば、事業計画書の内容がどれだけすばらしくても無駄になってしまいます。

数値計画、特に「売上・利益計画」の数字は、事業計画書の内容が反映されていなければなりません。事業計画書と整合性のない数値計画になってしまうと、事業計画書自体が「絵に書いた餅」になり、その内容を信用してもらえなくなります。

A 資金計画（設備資金計画・運転資金計画・資金調達計画）

(1) 設備資金計画

区分	詳細	金額	時期
土地		円	
建物		円	
敷金・保証金		円	
内装工事費		円	
設備		円	
器具・備品		円	
営業権等		円	
開店時広告宣伝費		円	
開店時経費		円	
その他		円	
合計		円	

土地……土地を購入する場合必要な資金。詳細の欄に、何坪（何平米）かを記載。
建物……建物を購入する場合必要な資金。詳細の欄に、何坪（何平米）かを記載。
敷金・保証金……物件を賃借するときに必要。詳細の欄に、契約予定の物件坪数を。
内装工事費……内装・改装工事にかかる費用です。詳細の欄には、工事内容を。
設備……設備購入にかかる費用です。
器具・備品……美容器具や備品にかかる費用です。
営業権等……フランチャイズに加盟する場合やのれんわけをしてもらう場合に必要となります。詳細にフランチャイズ料を。
開店時広告宣伝費……フライヤー、DM、折り込み広告など。開店告知チラシや広告掲載のための費用、友人・知人・親戚・知り合い等への告知はがきや、オープンパーティ代なども含まれます。
開店時経費……初回仕入れ代、開店時に必要と考えられているその他経費。開店準備のために支出した経費、例えば、近隣挨拶回りの手土産代、スタッフの食事代、開店時には予想外の出費があります。それらこまごました経費をあらかじめ考えておきましょう。

(2) 運転資金計画

運転資金とは、売上が全くなくても必要とされる経費のことで、人件費や家賃、リース料、水道光熱費、広告宣伝費等がこれに当たります。これらは、毎月支払う分であり、これらの合計額が、1か月分の運転資金として考えます。運転資金は通常3か月程度ですが、心配でしたら、4〜6か月分を準備しましょう。

区分	詳細	金額	時期
人件費		円	
家賃		円	
リース料		円	
水道光熱費		円	
広告宣伝費		円	
事務消耗品費		円	
		円	
その他		円	
小計		円	
運転資金必要月数	か月分	必要運転資金額	円

設備資金必要分	+	運転資金必要分	=	必要資金額合計
円		円		円

人件費……給与・アルバイト代・パート代。
家賃……月々に支払う家賃です。
リース料……リースを行なっている場合に支払う費用。
水道光熱費……電気代、ガス代、水道代等。
広告宣伝費……毎月必要となる広告宣伝費です。きちんと計上しましょう。
事務消耗品費……文房具や細かい備品など。

(3)資金調達計画

区分	金額	利率	返済期間	月返済額	備考
自己資金	円				
家族からの借入・贈与	円	％	ヶ月	円	
知人・友人からの借入	円	％	ヶ月	円	
国民生活金融公庫	円	％	ヶ月	円	
信用保証協会	円	％	ヶ月	円	
金融機関（　　　）	円	％	ヶ月	円	
	円	％	ヶ月	円	
合計	円	％	ヶ月	円	

月の返済額は、
金額×利率（3％なら0.03）÷返済期間
（5年なら60か月で割る）で計算しましょう。

自己資金……開店に使える自分の資金です。
家族・親戚からの借入……家族・親戚から借りたり、もらった資金。形式上借り入れをした場合でも、返済しないのであれば、備考欄に「返済不要分」と記入するか、「贈与分」と記入します。
知人・友人からの借入……知人・友人から借り入れられる資金です。
国民生活金融公庫……国民生活金融公庫から借り入れられる資金です。
信用保証協会……信用保証協会の保証付融資で借りられる資金です。

❸ 売上計画

月の売上は、

客数 ×　（平均）客単価 ×　営業日数

で計算することができます。
店の最大売り上げは、席数：3席、平均顧客応対時間：2時間、開店時間：11:00～21:00（営業時間は10時間）、ということで回転数は、10時間÷2時間で5回転。
平均客単価：5000円、営業日数26日/月の店では、最大売上は、
3席×5回転×5000円×26日＝195万円と計算できます。
ときどき、この最大売り上げを超える計画をつくる人がいますが、それでは事業計画書の信憑性がなくなってしまいます。
あらかじめ、どれぐらいの来店客数と客単価でいくのか考えておいてください。

（1年目　：　1月目～6ヶ月目）　　※　売上　＝　来店客数　×　（平均）客単価

	月	月	月	月	月	月
来店客数	人	人	人	人	人	人
客単価	円	円	円	円	円	円
売上	円	円	円	円	円	円

（1年目　：　7ヶ月目～12ヶ月目）

	月	月	月	月	月	月	1年目合計
来店客数	人	人	人	人	人	人	人
客単価	円	円	円	円	円	円	―
売上	円	円	円	円	円	円	円

（2年目　：　1月目～7ヶ月目）　　※　売上　＝　来店客数　×　（平均）客単価

	月	月	月	月	月	月
来店客数	人	人	人	人	人	人
客単価	円	円	円	円	円	円
売上	円	円	円	円	円	円

（2年目　：　7ヶ月目～12ヶ月目）

	月	月	月	月	月	月	2年目合計
来店客数	人	人	人	人	人	人	人
客単価	円	円	円	円	円	円	―
売上	円	円	円	円	円	円	円

ⓒ 損益計画（毎月ごと）

　創業後1年間の会社の状況を予測します。売上高、仕入れ（パーマ剤、カラー剤、シャンプー・トリートメント剤、スタイリング剤など）、売上総利益（粗利[益]とも言います）、人件費（自分の給料、スタッフの給料）、その他の経費（地代・家賃、リース料、通信費、水道光熱費、広告宣伝費、事務消耗品費、支払い利息、その他）について計画しましょう。

　この表の一番下に出てくるものが、「利益」となります。その利益から返済が出来れば、「お金が残る」ということになります。金融機関は、「いくらお金が残るか」ということを極めて重視しますので、計画上も「お金が残る」ように必ずしてください。

（単位：円）

		月	月	月	月	月	月	月	年 月～年 月 合計
売 上 高 ①									
(薬剤・シャンプー等の)仕入れ ②									
粗 利 益 ③ ＝ ① − ②									
人件費	自 分 の 給 料								
	従 業 員 給 与								
	パ ー ト 等 給 与								
	計 ④								
その他の経費	地 代 家 賃								
	リ ー ス 料								
	通 信 費								
	水 道 光 熱 費								
	広 告 宣 伝 費								
	事 務 消 耗 品 費								
	支 払 い 利 息								
	そ の 他								
	計 ⑤								
総費用合計⑥＝④＋⑤									
利 益 ⑦ ＝ ③ − ⑥									
借入返済⑧									
当月残⑨＝⑦−⑧									
前月繰越金⑩（前月の⑪）									
翌月繰越金⑪＝⑨＋⑩									

この章でご紹介している事業計画書、
数値計画書のフォーマットは、
新美容出版株式会社オフィシャルサイトからダウンロードができます。
以下のアドレスを直接入力するか、shinbiyo.comのトップページにある
「サイト内検索」で「美容室開業マニュアル」と打ち検索をしてください。
「美容室開業マニュアル」紹介ページ
http://www.shinbiyo.com/feature/kaigyou/index.html

事業計画書を上手につくるためには

事業計画書をたった1人で完成させることは難しいもの。どうやって書いたらいいかわからないなら、その部分は空けておき、書き方を直接教えてもらいましょう。

1 「創業塾・創業セミナー」で教えてもらう

どの地域でも商工会議所や中小企業支援センターという創業者や中小企業事業主を支援する組織があります。そういった組織は、「創業塾」や「創業セミナー」といった講習会をよく開催しています。創業を希望する人に向けて「創業するために何をしなければいけないか」ということを教えてくれるのです。参加費は格安(もしくは無料)です。

そこでは「事業計画書のつくり方」を詳しく教えるというカリキュラムも数多くあります。創業者は誰もが事業計画のつくり方に苦戦するからです。

また、参加者が人脈となるかもしれません。開業したときに顧客になってくれたり友達や家族を紹介してくれる可能性もあります。時間に余裕があれば、参加してみましょう。

2 中小企業支援機関の窓口相談を利用する

商工会・商工会議所・中小企業支援センターといった支援機関では、「窓口相談」を行っています。そこでは、あなたの書いた事業計画書を持ち込むと、添削してもらうことができます。不完全な内容でもまったく問題はありません。わからない部分や、どのように書けばうまく伝わるのか教えて欲しいときはとても有効です。質問したいことを明確にしてから出かけましょう。ちなみに、相談料は無料です。

3 国民生活金融公庫の創業センターで相談する

3年ほど前から、国民生活金融公庫では、「こくきん創業支援センター」という創業支援の部署を創設しています。現在は、都市部にある支店にのみあります。こちらでも事業計画書作成についてのアドバイスを受けることができます。

国民生活金融公庫は、株式会社日本政策金融公庫(日本公庫)となりました。

事業計画の作成から融資申し込みの手順

① 相談（6ヶ月前ぐらい）

専門家に相談に行きましょう。「創業塾・創業セミナー」、「中小企業支援機関」、などがおすすめです。

② 事業計画書作成（6ヶ月前から3ヶ月前）

「中小企業支援機関窓口」や「こくきん創業支援センター」の窓口で相談しながら事業計画書を完成しましょう。

③ 物件の交渉（3ヶ月前から2ヶ月前）

この時までに物件を見つけます。気に入ってもすぐには契約や手付金を入れません。
不動産会社と「覚書」を交わして融資が決定するまで待ってもらうか、手付金を入れた場合でも、「融資が実行されない場合は、差し入れた手付金を返却します」との特約を入れた上で契約書を交わすようにしてください。
物件の概要や保証金・家賃がわかるような書類をもらえます。それをもとに事業計画書の「資金計画」を完成します。

④ 各種見積等の入手（3ヶ月前から2ヶ月前）

物件の場所と広さが決定したら、広さや状況に合わせて開店に必要な物品や内装費・改装費等の見積書、店舗の設計図面を入手します。

⑤ 金融機関を訪問して融資申し込み関係書類の入手（3ヶ月前から2ヶ月前）

申し込みに必要な書類を渡されるので、それを受け取り、後日、必要書類を揃えて、再度訪問する約束をします。

※これらの作業は同時進行

⑥ 事業計画書の完成と融資申込み（2ヶ月前）

事業計画書に、不動産の契約書（または覚書もしくは物件概要書）、各種見積、店舗設計図等の資料を揃え、⑤で金融機関からもらった融資申請書類を添えて融資申込み。事業計画書に不備があれば、その部分を修正します。修正は、前向きに融資を検討している証拠。融資審査にかかれば、最終的な修正を行ってから1ヶ月程度で結果がでます。
申込みの際に「返済猶予期間」を決めること。これがないと融資実行の翌月から返済が始まってしまいます。6か月程度の返済猶予期間を設定しておくことをお勧めします。

⑦ 融資実行（1ヶ月前）

審査の結果、融資してもらうことが決まれば、印鑑証明や住民票などの融資実行に必要な書類を「金銭消費貸借契約書」という借入の書類に添えて提出すれば、だいたい翌日には融資を実行してもらえます。

chapter 3

リースの基礎知識

編集部

　一般的に「リース」と呼ばれているものにはいくつかの種類があります。分割購入や、単なる借入とされるのもあります。リースで主流なのが「ファイナンス・リース」。「ファイナンス・リース」とは、購入を希望する設備などを、自分ではなくリース会社に買い取ってもらい、リース会社に対して毎月決まった額のお金を支払うというシステムです。レンタルや割賦（月賦のように何度かに分けて支払うこと）販売との違いは、次の2つ。

●一度、リース契約をしたら、途中で解約ができない（中途解約禁止）
●ユーザー（借主）はリース会社が設備購入に関して投資した代金や諸経費の全額をリース期間中に支払う（フル・ペイアウト）

　リース物件の所有権はリース会社にありますが、リース期間中に故障をしてしまったら、修理をするのは借主です。リース物件を使うのは自分たちだけですが、勝手に改造したり、第三者に譲渡したり、貸し出したりすることは法的に認められていません。思ったよりも使い勝手が良くなかったり、お客様のニーズが少なかった場合でも、リースを途中でやめることはできないのです。リース期間が終了したら、設備は返却もしくは再リースしなくてはなりません。

　リースのメリットと言えば、流行の設備をリースで導入し、リース期間が終了すれば、在庫を抱えることもなく新しい設備を導入できる、ということ。担保提供の心配がないので、銀行の融資は別に利用できます。

リースのメリットとデメリット

メリット
1. 一度に多額の資金を必要しないので、自己資金に余裕が出る
2. 手続きが簡単
3. 設備の陳腐化を防ぐことができる
4. 貸借対照表（バランスシート）を悪化させず、設備投資が可能
5. コストの管理が簡単で経営計画が立てやすい
6. 設備の廃棄処分はリース会社が行う

デメリット
1. リース料金が固定
2. 中途解約ができない
3. リース期間が長い
4. 借入金による購入より割高になる
5. 破損や紛失した場合は、損害賠償となる
6. 返却費用はユーザー負担
7. リース期間終了後は返却（もしくは再リース）

リースのしくみ

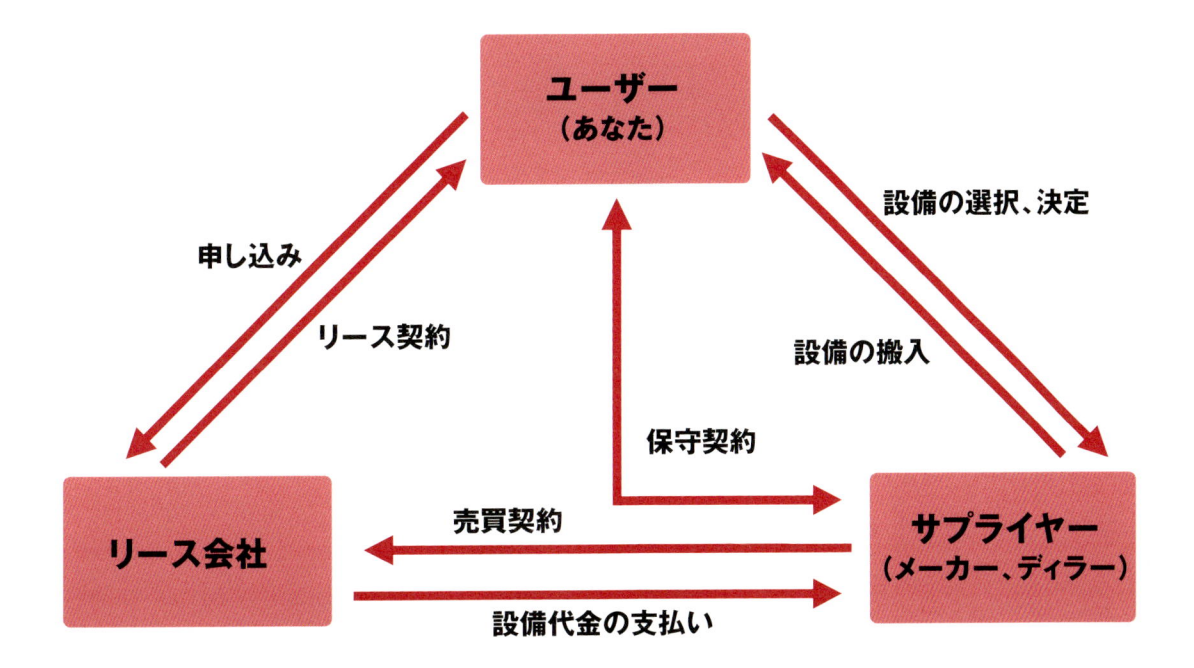

```
             ユーザー
            （あなた）
     申し込み  ↑ ↓      ↖ ↗ 設備の選択、決定
           リース契約    設備の搬入
                ↑
             保守契約
     リース会社 ←―――――→ サプライヤー
            売買契約    （メーカー、ディラー）
            設備代金の支払い
```

リース物件の料金内訳

1・対象商品の購入価格（搬入費、設定料金等の諸費用、支払い利息含む）
2・資金調達コスト
3・固定資産税
4・保険料
5・手数料

　リース料の見積もりにある「料率」。これは、金融機関からの借り入れでいう利率と同じではなく、月額のリース料をリース資産の価格（リース会社が購入した価格）で割った数字のことです。例えば、500万円の設備を、料率2％でリースを受けると、月額のリース料は500万円×2％＝10万円となり、この設備を5年間リースした場合、総支払額は、

10万円×60か月＝600万円

となり、差額が100万円となります。リース会社がその資産を購入する際の金利や固定資産税などの諸経費が20％ある、ということです。

chapter 3

開業資金の借り方

取材協力／株式会社日本政策金融公庫　国民生活事業本部、東京信用保証協会

開業資金をどこで借りるのか。美容室を開業する場合には、『株式会社日本政策金融公庫』からの融資、あるいは『信用保証協会』の信用保証付き融資が利用できます。ここでは2つの開業資金調達の流れを紹介していきます。

開業予定者は、営業実績がないなどの理由から民間金融機関から融資を受けることが困難な場合が少なくありません。では、開業資金は借りられないのか?

そんなことはありません。開業資金を融資するために公的な機関を利用できます。それが日本公庫や各都道府県にある信用保証協会なのです。

株式会社日本政策金融公庫とは…

一般の金融機関が行う金融を補完するために設立された政策金融機関

平成20年10月に、『国民生活金融公庫』、『農林漁業金融公庫』『中小企業金融公庫』『国際協力銀行』(平成24年4月に分離)とが統合し、『株式会社日本政策金融公庫』(以下、『日本公庫』)が設立されました。美容室の開業希望者に対しても融資を行っている『国民生活金融公庫』の業務はそのまま日本公庫国民生活事業に承継されています。

平成24年4月には全国152支店に「創業サポートデスク」を設置し、開業希望者の支援機能を強化しています。

平成24年3月末の総融資残高は21兆8268億円(国内3事業及び危機対応等円滑化業務)となっています。

信用保証協会とは…

中小企業向け融資を債務保証してくれる公的機関

　美容室の開業資金を調達する2つ目の方法は『信用保証協会』の債務保証を受けて、一般の銀行や信用金庫などから融資を受けるものです。全国で161万の中小企業が利用しています。信用保証協会は、「信用保証協会法」によって設立された認可法人で、各都道府県単位で47法人、市を単位として5法人（横浜、川崎、名古屋、岐阜、大阪）、全国で52の法人があります。保証を受ける場合には、信用保証料がかかり、借入金額や期間、返済方法などにより決まります。なお、『信用保証協会』の保証を得て金融機関から融資を受ける場合の多くは、地方自治体の創業融資制度を活用しています。
→80ページ～参照

国や地方自治体の創業融資制度とは…

有利な創業融資制度を調べよう！

　国やほとんどの都道府県、市区町村などの地方自治体には、独立開業を支援する制度があります。制度の名称や融資条件は自治体によって異なります。まずは開業する予定の役所、あるいは商工会議所・商工会などに相談をしてみましょう。地域の活性化を目的とした創業融資制度があります。通常の融資に比べて金利などが有利な条件になっています。開業する自治体の窓口で相談してください。

　日本公庫からの融資、信用保証協会の保証付き融資、いずれの場合にも「創業計画書」を作成する必要があります。公的機関だからといっても、実効性のある事業計画や開業者の熱意がなければ融資を受けることはできません。また、どの融資においても一定の自己資金は必要です。個別の事情にもよりますが、おおむね開業資金の3分の1が目安となります。

日本公庫へ提出する創業計画書

信用保証協会へ提出する創業計画書

株式会社日本政策金融公庫の融資（概要）

同業組合への加入や、年齢・性別により、融資条件の異なる制度を利用することができます。利用例は次の通りです。

開業する時点であなたは？
（担保・保証人あり）

- （A）同業組合に加入
- （B）同業組合に未加入
- （C）男性30歳未満（29歳以下）または男性55歳以上
- （D）女性（年齢は関係なし）

開業する時点であなたは？
（担保・保証人なし）

- 年齢・性別は関係なし

美容業は生活衛生業種の1つに分類されており、「生活衛生貸付」が利用できる。
※美容業生活衛生同業組合の組合員は、「一般貸付」よりも有利な「振興事業貸付」を利用できる。利用にあたっては、加入する生活衛生同業組合の長が発行する「振興事業に係る資金証明書」が必要になる。

生活衛生貸付

		融資額	返済期間	主な利率
振興事業貸付	設 備 資 金	1億5,000万円以内	20年以内	特別利率C
振興事業貸付	運 転 資 金	5,700万円以内	7年以内	基準利率
一般貸付	設 備 資 金	7,200万円以内	13年以内	基準利率

普通貸付

	融資額	返済期間	利率
運 転 資 金	4,800万円以内	7年以内	基準利率

特別貸付

			融資額	返済期間	主な利率
新企業育成貸付	女性、若者／シニア起業家資金	設備資金	7,200万円以内（うち運転資金4,800万円以内）	20年以内	特別利率A
新企業育成貸付	女性、若者／シニア起業家資金	運転資金		7年以内	基準利率

新創業融資制度（創業者向け無担保・無保証人）

	融資額	返済期間	利率
設 備 資 金	1,500万円以内	10年以内	各融資制度に定められた利率＋1.65％（※）
運 転 資 金	1,500万円以内	7年以内	各融資制度に定められた利率＋1.65％（※）

（※）法人の代表者（注）が保証人になる場合は、利率が0.1％低減される。
（注）実質的な経営者や共同経営者を含む。

主な融資制度の要件

■生活衛生貸付／振興事業貸付

ご利用にあたっては以下の手続きが必要です。

①融資の申し込み前に**各都道府県の美容業生活衛生同業組合に加入する**。
②**各都道府県の美容業生活衛生同業組合の理事長**より、「**振興事業に係る資金証明書**」を発行してもらう。
③事業計画の確認を受けた場合は、「**振興事業促進支援融資制度に係る事業計画書**」(※)の写しも必要となる。

(※)「振興事業促進支援融資制度に係る事業計画書」を策定し、美容業生活衛生同業組合から一定の会計書類を準備していることの確認、および事業計画の確認を受けた場合は、利率が0.15％低減されます（振興特利設備・振興運転に限ります）。

■生活衛生貸付／一般貸付

融資の申し込み金額が300万円を越える場合には、「都道府県知事の推せん書」が必要になります（300万円以下の場合には直接公庫へ融資申し込みができます）。

知事の推せん書を発行してもらうには、各都道府県の都道府県生活衛生主管部もしくは 生活衛生営業指導センターに申し込みます。

東京都は(財)東京都生活衛生営業指導センター、大阪府は環境衛生課、神奈川県は環境衛生課というように、都道府県によって申し込み先・問い合わせ先が異なります。

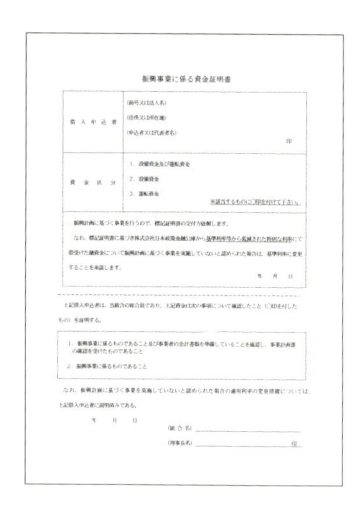

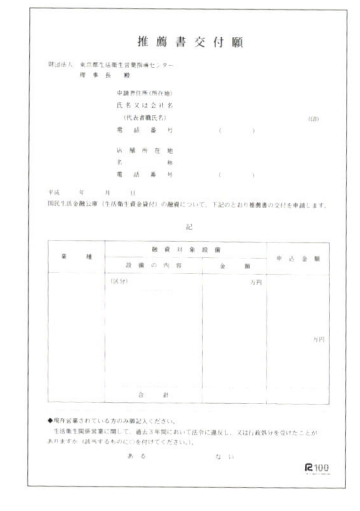

■新創業融資制度（創業者向け無担保・無保証人）

新たに事業を始める方、または事業開始後、税務申告2期終えていない方が対象になります。事業開始前または事業開始後で税務申告を終えていない場合は、 創業時において創業資金総額の3分の1以上の自己資金が必要です。また、雇用の創出や勤務経験等、一定の要件に該当することが必要です。

また、生活衛生貸付、普通貸付及び特別貸付のいずれかの融資制度を組み合わせて、ご利用いただく必要があります。

株式会社日本政策金融公庫
《利用手続きの流れ》

申し込みから融資までの期間は、平均して1か月程度。立地環境などを実際に確認するために、融資担当者が店舗（予定地）（店舗が完成していない場合には賃貸契約書や物件の案内などを提出）を訪問します。開店の2～3か月前には相談窓口を訪問することが望ましいでしょう。

面談では、融資担当者からいくつかの質問があります。

主な質問項目は、①創業計画書の内容、②今までにどのようなキャリアを積んできたのか、③開業に向けていつからどのような準備をしてきたのか、④創業計画書の数字上の根拠は何か…などです。

伝えたいことを裏付ける詳しい資料があれば持って行きましょう（p60-71参照）。ただし、創業計画書は簡潔にわかりやすくまとめることが重要です。面談で説得力のある話ができるよう、事前に身近な人にプレゼンテーションを行い、抽象的な表現やあいまいな内容を訂正しておくことが望ましいでしょう。大切なのは誰にでもわかる表現で、論理的に、かつ事業に対する意気込みが感じられるよう説明できることです。

創業計画の妥当性、売上・収支計画の実現性、事業に対する熱意。これが融資を受けられるかどうかの主なポイントです。

❶ 相談
・152支店の窓口（創業サポートデスク）
・借入申込書、創業計画書などをもらい、必要な書類について説明を受ける

❷ 申し込み
・開業予定地（法人の場合は、本店所在地）の最寄りの支店に所定の借入申込書と以下の書類を提出
【添付書類】
・創業計画書
・設備の見積書（設備資金申し込みの場合）
・登記簿謄本または現在事項全部証明書（法人の場合）
・所属同業組合の「振興事業に係る資金証明書」
　（生活衛生貸付の振興事業貸付を申し込む場合）
・都道府県知事の「推せん書」
　（生活衛生貸付の一般貸付を申し込む場合）

❸ 面談
・創業計画書をもとに融資担当者と面談
【持参したい資料】
・創業計画についての裏づけ資料など
・自身のキャリア、資産状況に関する資料
※面談の前後に、細部の確認も含めて担当者と電話でやり取りする場合がある

❹ 融資
・融資決定後、契約に必要な書類が郵送されるので、必要事項を記入して窓口に提出
・希望する金融機関の口座に振り込まれる

❺ 返済
・原則として月賦払い
・返済方法は、元利均等払い、元金均等払いなどから選択する

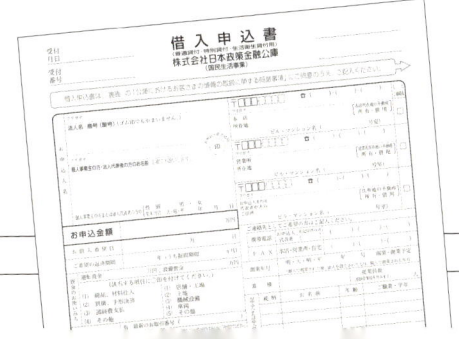

信用保証協会の保証付き融資

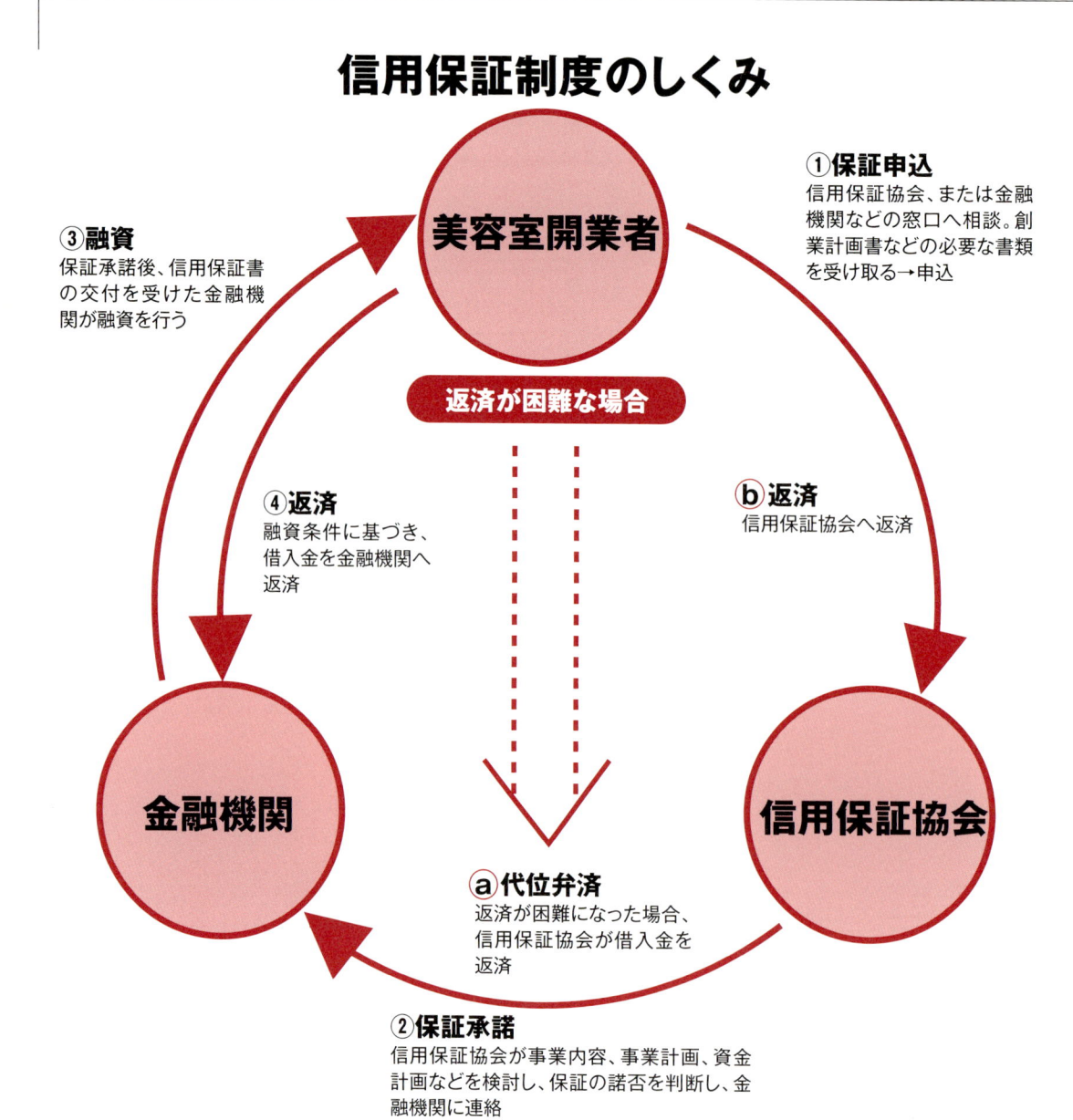

信用保証制度のしくみ

① 保証申込
信用保証協会、または金融機関などの窓口へ相談。創業計画書などの必要な書類を受け取る→申込

③ 融資
保証承諾後、信用保証書の交付を受けた金融機関が融資を行う

④ 返済
融資条件に基づき、借入金を金融機関へ返済

ⓑ 返済
信用保証協会へ返済

返済が困難な場合

ⓐ 代位弁済
返済が困難になった場合、信用保証協会が借入金を返済

② 保証承諾
信用保証協会が事業内容、事業計画、資金計画などを検討し、保証の諾否を判断し、金融機関に連絡

（美容室開業者／金融機関／信用保証協会）

　信用保証協会の保証付き融資を受ける場合も、創業計画書の作成が必要です。事業内容、創業動機、強みやセールスポイント、収支計画などの項目があります。事業計画の実効性や開業に対する熱意が融資の大きなポイントになることは同様です。信用保証協会の担当者との「保証相談」を活用して、実行可能な計画を立てていきましょう。

　できるだけ有利な融資条件で開業資金が調達できるよう、各自治体の創業融資制度（ほとんどの自治体に創業支援制度があります）の活用も併せて検討しましょう。

信用保証協会の保証付き創業融資制度

融資対象 ≪東京都制度融資：創業融資の場合≫

① 1か月以内に新たに個人で、または2か月以内に法人を設立して事業を開始しようとする具体的な計画があること

② 許認可事業の場合は、原則として許認可を受けていること（美容室の場合は保健所の開設許可）

融資条件

- ■資金使途　　　設備資金、運転資金
- ■融資限度額　　2,500万円
- ■融資期間　　　設備資金 10年以内
  　　　　　　　　運転資金 7年以内
- ■融資利率（固定金利または変動金利から選択）

【責任共有利率】

(固定金利)
融資期間　3年以内2.1％以内
　　　　　3年超5年以内2.3％以内
　　　　　5年超7年以内2.5％以内
　　　　　7年超2.7％以内

(変動金利)　短プラ＋0.9％以内

【全部保証利率】

(固定金利)
融資期間　3年以内1.9％以内
　　　　　3年超5年以内2.1％以内
　　　　　5年超7年以内2.3％以内
　　　　　7年超2.5％以内

(変動金利)　短プラ＋0.7％以内

※短プラ（短期プライムレート）とは、銀行が信用度の高い企業に貸し出す際に適用する短期（1年以内）の最優遇金利。各金融機関ごとに設定される

- ■返済方法／分割返済
- ■信用保証料／保証協会所定の料率
- ■第三者保証人・物的担保／原則として不要

★実際の融資条件は、融資申込者の個別の条件によって異なります。　★融資制度の内容や要件は、都道府県・市区町村によって異なります。

植村隆博（DADA CuBiC）

大変だった草創期。
支えは仲間、そして技術とデザインへのこだわり。

　ロンドンから仲間7人と一緒に帰国して、すぐに原宿に出店。すべてがゼロからのスタートでした。

　女性雑誌でヘア企画が人気になりはじめた時期で、僕たちもすぐに雑誌に作品を載せてもらえたんです。雑誌が出ると予約が入るようになりました。しかし、ほとんどを失客してしまう。コンサルテーションの仕方、提案するヘアスタイルが受け入れてもらえなかった。そんな状況ですから、店をオープンして1年間は大変でした。ごはんがろくに食べられませんでしたから。

　大変な時期でしたが、お互い影響しあえる仲間がいたから乗り越えられたんです。みんな、心の奥底では「ロンドンに戻ったほうがいいんじゃないの」と思っていたはず。でも、誰一人として口にしなかった。だから、僕たちは新しいスタイルを確立することができたんです。

　時間はたっぷりあったので、外に出て、日本の女性の好みや原宿という街を学ぶことから始めました。そしてモデルハントをして店で撮影をして、夜遅くまでミーティング。技術はマニアックに、デザインはストイックに追求をしていましたから、絶対にいける、という自信はあった。しかし、東京の女性に受け入れられるためには何かを変えなきゃいけない。それは何か。この模索が、今僕たちが提案している日本人の髪に合った柔らかい表情、傷みのないツヤ感のあるヘアカラーにつながっています。

　開業するよりも維持するほうが何倍も大変です。そのために武器を持つことが大事。でなければ戦えません。最強の武器が仲間。人は最も大事ですね。店を維持するには「教育」がカギですね。

Chapter 4

立地調査・物件選定

開業のいちばん大きな
投資となるのが物件です。
顧客を呼ぶ物件を
見つけるためには、いくつかの
大きなポイントがあります。
さらに、美容室を営業するために
必要な構造を確認し
納得の予算で開業に
こぎつけましょう。
立地調査から、物件選定の
チェックポイントまでを紹介します。

失敗しない立地マーケティングの基本

立地が大事——多くの商売で広く言われていることです。店舗経営者であれば、誰もが身にしみていることでしょう。しかし、立地が大事だということはわかっていても、具体的にどういう立地を「好立地」と言うのかについては、知らない人が多いのが現実です。

ほとんどの人が、立地の選び方がわからないまま、手探り状態のままで出店しています。そして、期待していたほどお客様が集まらず「こんなはずではなかった」という結果になることが多いのです。

立地は、出店に当たり大きなリスクとなります。出店後に場所を変えることは簡単にできません。判断を誤れば内外装・宣伝広告など、ばく大な初期投資を無駄にすることになります。

こうした失敗をさけるために、知っておいて欲しいこと、物件選びのポイント、出店前に確認しておきたいことを紹介します。

文/大内正幸（有限会社ソルブ）

やってはいけない4つのこと

初めに、出店立地（物件）を決めるにあたって絶対にやってはいけない例を挙げておきます。
- 雰囲気で決めてしまう
- 不動産業者の話を鵜呑みにする
- 根拠のない通説に頼る
- 初めからあきらめる

■雰囲気で決めてしまう

賃貸条件と建物やその街の雰囲気だけで出店を決めてしまうケースがあります。"勘と経験"といえば聞こえがよいですが、結局は何も考えずに出店することと同じことです。

■不動産業者の話を鵜呑みにする

不動産業者が物件のいい面を強調することがあっても、問題点を指摘してくれることは、あまりありません。「駅に近いですよ」、「人通りが多いですよ」などど言われ、「週末までに答えを頂かないと、次の方がいらっしゃるので」とたたみ掛けられてしまうとあせってしまい、つい契約してしまいます。

契約を急がされる物件には執着しないほうがよいでしょう。業者から紹介される物件で出店に値するものは数十件に1～2件。ましてや急いで契約をしなければならないほどの好物件は、そうめったに出てくるものではありません。

■根拠のない通説に頼る

出店に際して思い込みや通説に左右されてしまうと、満足のいく成果は得られません。例えば、看板の見え方に関して、経営者は一般的に過大な評価をしがち。お店の前に立ってお店のほうを向いて、看板がよく見えると安心してしまう傾向があります。これが思い込み。実際の通行人から見えていない、ということがあるのです。

一般的に、人通りが多い立地は繁盛すると思

いがちです。しかし、実はあまり根拠がないのです。同じ1万人の歩行者でも、毎日歩く会社員と、たまにしか来ない買い物客とでは、明らかにポテンシャルが異なるからです。「駅に近いから好物件」「周辺に住民が多いから良い立地」なども、神話のようなものです。それぞれ重要な立地要因ではあるものの、それだけでは立地判定の決定打にはならないのです。

■初めからあきらめる

一般的に言われる「一等立地」が必ずしも「好立地」であるとは限りません。家賃が高い割に、期待通りには売り上げが伸びない「貧乏立地」もあります。反対に、二等、三等と思われている立地の中に、実は「好立地」が潜んでいます。こちらは家賃が安くても、期待以上に通行人からの視界性などがよく、儲かれば「裕福立地」と言えます。裕福立地に出店するには執念あるの

み。予算がない、時間がないなど理由をつけ、初めからあきらめてしまっては絶対に取得することはできません。

■正しく立地を判定する方法

簡単に表現してしまうと、以下の3つの条件を満たしている立地を「好立地」と呼びます。
- お客になって欲しい人がたくさんいる
- 行きやすい場所にある
- お店や看板がよく見える、自然に見える

たったこれだけです。先に述べたような過ちを犯さずに、正しく見極めるにはどうしたらよいでしょうか。方法は2つしかありません。

1つは、専門家に相談することです。もう1つは、自分で実査(実地調査)すること。実査とは、正しい立地理論に基づいて立地の良否を判断する調査のことです。実査ポイントさえわかっていれば、決して難しいことではありません。

〈図1〉来店範囲

人が「あの店に行ってみよう」と考えるのは、日常生活の場から徒歩5分圏内（300〜500m）。しかし、幹線道路、鉄道、河川などがあると、反対側からの来店を見込むのは難しい。

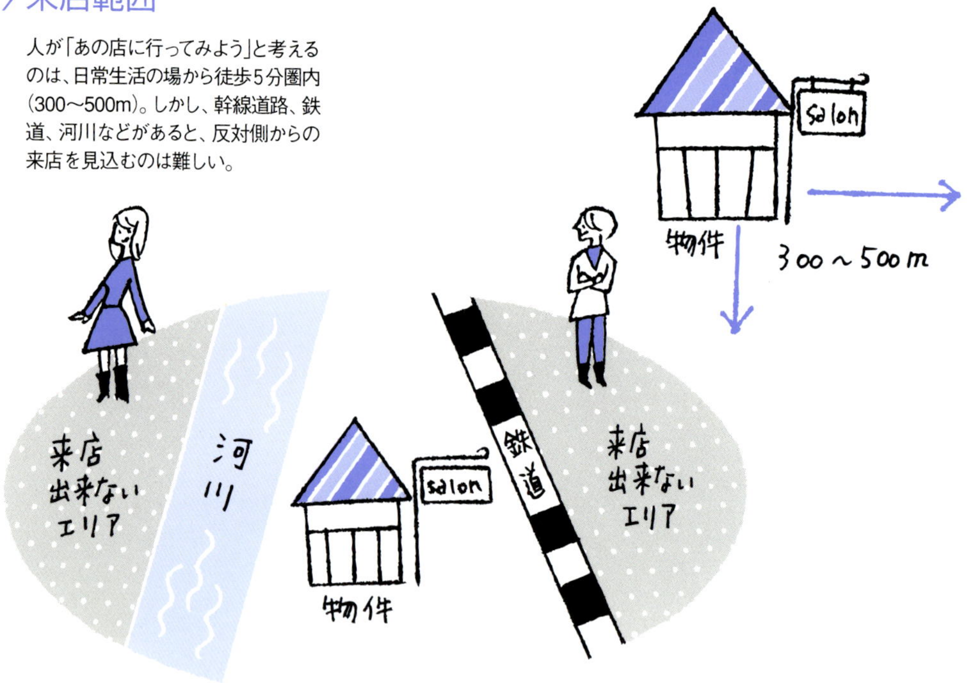

お客様は大きく分けて2種類

　立地判定においては、お客様の来店動機を、大きく2種類に分けて考えます。

　1つは、すでにお店の場所を知っていて（知らなくてもわざわざ探して）来店するケース。リピーターや紹介客、クチコミ客などです。これを「わざわざ来店」と名づけます。もう1つは、お店の前を通りかかった人が「試しに」、「衝動的に」来店するケース。日常的にお店の前を通っている、たまたま目にとまって来店するなど。これを「たまたま来店」と名づけます。

　紹介客を除き、基本的には「たまたま来店」したお客様が再来店するのが「わざわざ来店」です。つまり、「たまたま来店」が最初になくては店が成り立ちません。そして、立地によって、より大きな影響を受けるのが「たまたま来店」だと言えるのです。

　したがって、実査をする時は、「たまたま来店」を対象に考えます。もちろん、「たまたま来店」にとって好ましい立地というのは「わざわざ来店」にとっても好ましいということは言うまでもありません。

実査で押さえておきたい最小限のこと

商店街・住宅街立地編

●お客様はどこから来るのか

　初めに周辺の人々が徒歩で来店できる範囲を確認します。人々が「あの店に行ってみよう」と考えるのは日常生活の場から5分程度で行ける範囲。商店街や住宅街における来店範囲は、一般的に物件を中心にした徒歩5分圏内と考えます。距離にするとおおむね半径300〜500m圏。この来店範囲を「商圏」と呼び、この商圏内をくまなく歩きまわってください。

　しかし、商圏はさまざまな条件によって狭く

〈図2〉第4分岐点までの法則
各分岐点における吸引率

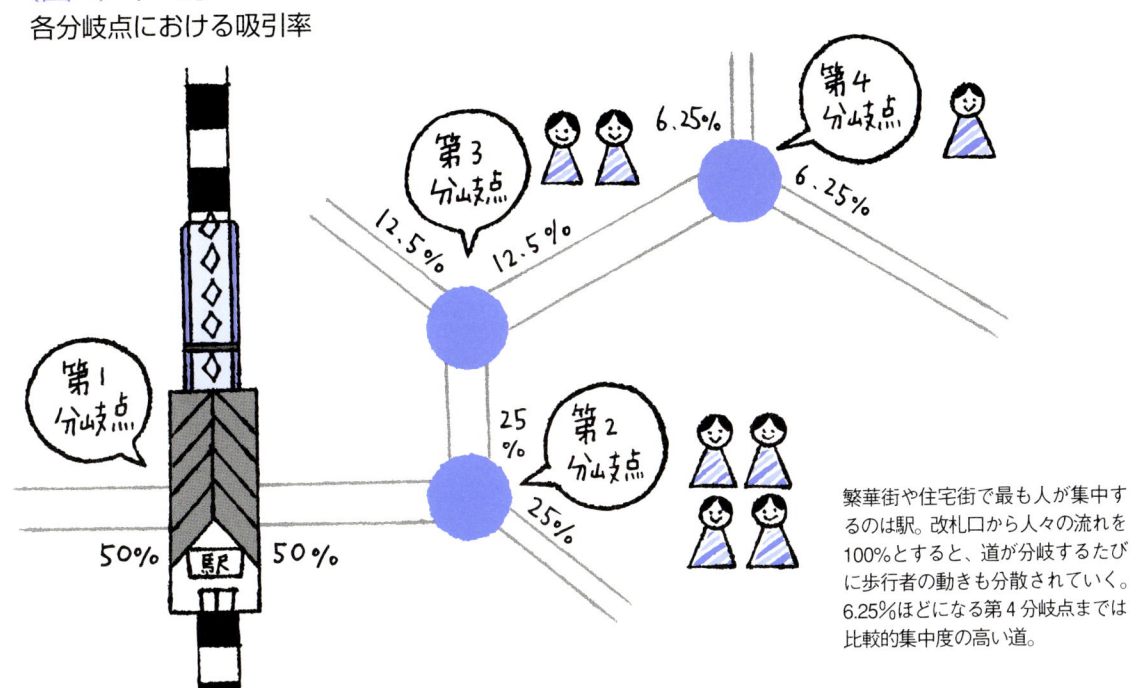

繁華街や住宅街で最も人が集中するのは駅。改札口から人々の流れを100％とすると、道が分岐するたびに歩行者の動きも分散されていく。6.25％ほどになる第4分岐点までは比較的集中度の高い道。

なったり、広くなったりします。例えば幹線道路や河川、鉄道などがあれば、反対側からの来店は難しくなり、その分、商圏は狭くなってしまいます（図1参照）。地理的な状況も確認しながら、お客様がどこからくるのか、その範囲を検討しましょう。

商圏にはどんな人がいるのか

来店範囲を確認したら、そこにどのような人が住んでいるか観察・確認します。住んでいる人だけでなく、働いている人や他の地域から流入してくる買い物客もいるでしょう。住民、就業者、買い物客はターゲットにしたい客層とマッチしているでしょうか。

● 人々が集まる場所はどこか

続いて、物件近くの「人々が日常的に集まる場所や施設」を探します。具体的には、駅やスーパーマーケットなどの大型小売店、交差点などが挙げられます。このような場所（施設）をTG（トラフィックジェネレーター：交通発生源）と呼びます。このTGと店舗の位置関係や、TGからの店舗の見え方は、出店後の売り上げに大きな影響を与えます。したがって近くにTGがない物件は要注意です。

● 人々が集中する道を見極める

TGに集まってくる多くの人々が、集中して物件の前を通るかどうかが重要です。TGに集まってくる人々が、主にどのような道筋で歩いているのか確認します。実査でTG周辺の人々の動きを観察すると、より多くの人々が集中して行き来している道を見つけることができるはずです。この集中度の高い道の上に位置していることが、好立地ということ。そして、この道をいかにして見極めるかが、立地判定の成否を決定するといっても過言ではありません。

なお、この道を主にどのような人が歩いてい

chapter 4　　87

chapter 4

看板の位置

オーナーの視界

歩行者の視界

正面からよく見える物件でも、歩行者の視界から見えているとは限らない。歩行者の自然な視界で見える位置に看板を掲出することが必須。

るかによって、ビジネスチャンスは変わってきます。住民か、買い物目的か、通勤通学か。物件前の人々が、どこから来て、どこに行こうとしているのか、観察しましょう。

第4分岐点までの法則

　一般的に、住宅街や繁華街で最も集中度の高いTGは駅。この駅から人々の動きをたどっていくことで、集中度の高い道の見当をつけることができます。

　駅の中でもっとも人が集中するのが改札口。ここから人々の流れの強い方向に、一緒に歩いていきましょう。道が分岐するたびに歩行者の動きも分散され、集中度は低くなります。おおむね改札口を含めた第4分岐点までならば、比較的、集中度の高い道として、商売が成り立つことが、経験的にわかっています(前ページ図2参照)。

見えているようで見えていない看板

　さて、いくら物件がTG近くにあり、人々が集中する道の上にあっても、そこを歩いている人々から見えなければ意味がありません。人々はまずお店や看板に気づいてから、初めて入店するからです。

　次のポイントはお店や看板が人々からどのように見えるかです。くれぐれも、物件の正面から店構えを見て「よく見えるぞ」などと安心しないでください(上の写真参照)。看板は、人々の「自然な視線」に入らなければなりません。「自然な視線」とは進行方向の正面。嫌でも歩行者の目に付く位置・角度で看板を提示することが理想です。

　お客様が落ち着いて施術を受けられるようにと、わざわざ人通りの少ない場所に出店する場合、少なくともTGや人々が集中する道から店舗や看板が自然に見える物件にする必要がある

のです。

　見えているようで見えていないのが看板。代表的な要因を以下に挙げておきますので、注意してチェックするようにしてください。

①物理的にものの影に隠れてしまう

　物件手前の建物や看板、近隣店舗の置き看板やノボリ、駐停車している車両など、街には看板を隠してしまう物がたくさんあります

②周辺の背景に溶け込んでしまう

　物件の周辺に多数の他店の看板があると、その看板群の中に、自分の店の看板も溶け込んでしまいます。歩行者は、全体をひとつの景色のように見てしまいます。こうした場合は、看板の色や形をできるだけ周辺の看板と異なるようにしなければなりません

③周辺に有名看板・目立つ物体がある

　近くに有名な看板や目立つ物体があると、歩行者はそれだけに気を取られ、自店の看板に気づきづらいもの。有名チェーン店、大きい、目立つ、動きのある看板は要注意です

建物や周辺環境をチェック

　建物や周辺の土地の状況は、店舗への入りやすさに大きな影響を与えます。たとえば、2階以上の物件で階段を使う物件は、階段が急で幅が狭かったり暗いと、お客様に敬遠されます。入り口以外にも、以下のような問題があるような物件は注意しましょう。

- 間口の幅が5mより狭い
- 振動や騒音がある
- 西陽が当たる
- 物件前道路が歩きにくい
- 周辺の治安が悪い

説明しやすい場所・覚えやすい場所か

　最後に「わざわざ来店」にとって重要なポイントをチェックします。それは、説明しやすい立地、覚えやすい立地かどうかということです。ポイントになるのが、ランドマーク（地図上の目印）です。たとえば「○○商店街の××スーパーの向かい側」など、お店の場所を説明する際の目印となるものがあるでしょうか。簡潔に説明できる立地は、そのまま覚えやすい立地ということになり、来店動機が高まります。ランドマークとしては、以下の具体例が考えられます。

- 有名なチェーン店（飲食・物販など）
- 公共施設（役所・市民会館など）
- 大型集客施設（レジャーランド・SCなど）
- 高層建築物（高層ビル・タワーなど）
- 交通施設（交差点・歩道橋など）

〈図3〉並行道路による人々の分散行動

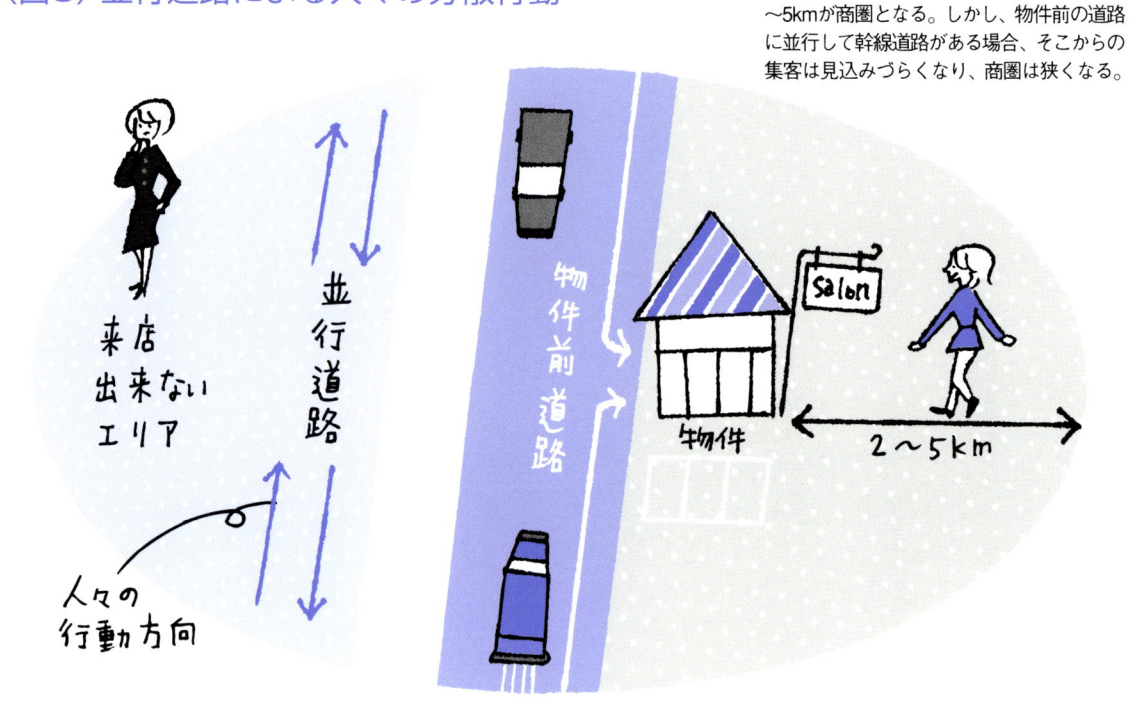

ロードサイドでは、車での移動となるので2〜5kmが商圏となる。しかし、物件前の道路に並行して幹線道路がある場合、そこからの集客は見込みづらくなり、商圏は狭くなる。

実査で押さえておきたい最小限のこと

ロードサイド立地編

原則は商店街・住宅街と同じ

　基本的にはロードサイド立地の実査も商店街・住宅街と考え方は同じです。大きく異なる点を中心に以下に紹介します。

●物件前道路が2km以上伸びていること

　ロードサイド立地と商店街・住宅街立地とで大きく異なる点は、お客様が自動車で来店すること。当然、商圏は広くなります。自動車で5分程度、半径2〜5km圏と考えればよいでしょう。物件前道路は2km以上伸びていること。2km以上伸びていないと商圏がほとんど広がらないからです。もし、近くに鉄道や河川があれば、商圏はこれよりも狭くなるでしょう。

　また、2km圏内に物件前道路と並行する幹線道路がある場合も要注意です。商圏内の人々の行動が分散してしまうためです（図3参照）。実査では自動車で走りまわります。

ロードサイドでも人々の集まる場所を探す

　ロードサイドでもTGの役割は重要です。主なTGとしてインターチェンジや大型ショッピングセンター、幹線道路の交差点などが挙げられます。また1つの都市がそのままTGとしての役割を果たすこともあります（図4参照）。こうしたTGに近くてなおかつ商圏内の人々が日常的にTGに向かう際の道路上に位置する物件がもっとも理想的といえるでしょう。

●看板は100m手前からチェック

　お店の看板の見え方をチェックする際は、物件側車線・反対側車線それぞれ100m以上離れた地点からドライバー視線で行います（安全のため車から降りて行います）。ドライバーが看板に気づいてから実際に入店行動を起こすまで

〈図４〉都市や市街地がTGとなるケース

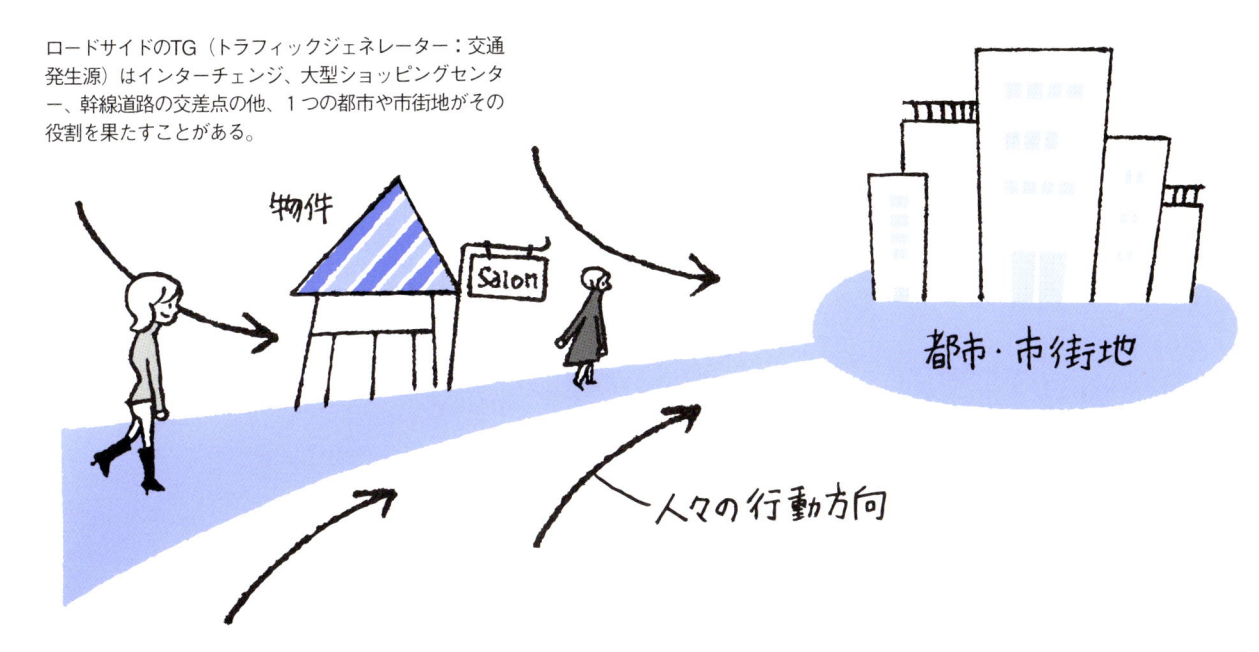

ロードサイドのTG（トラフィックジェネレーター：交通発生源）はインターチェンジ、大型ショッピングセンター、幹線道路の交差点の他、１つの都市や市街地がその役割を果たすことがある。

には一定の時間が必要。その距離が約100mなのです。店の直前で気づいても、通過するしかありません。ロードサイド特有の問題として、交通量が多い、または走行速度が速いと、ドライバーの視野が狭くなり、看板に気づきにくくなります。自身で運転して確認してください。

駐車場の出入りのしやすさはどうか

　駐車場の出入りのしやすさも重要なポイント。特に注意したいのは、物件前道路に中央分離帯がある場合。反対車線からの出入りが難しくなります。側道や裏道を使ったりＵターンして出入りができるか、確認しておきます。

　また、駐車場の入り口の幅が5m未満と狭かったり、入り口がわかりにくいのもドライバーには心理的な負担です。駐車場の出入りに問題があると「たまたま来店」を逃すだけでなく、「わざわざ来店」のお客様が離れる恐れがあります。

競合店をどのように考えるか

　多くの経営者が気にするのが、競合店の存在。少なくとも、同業店が自店の物件よりも優位な立地であれば、売り上げに影響を受けるでしょう。その意味で、実査で周辺同業店をチェックしておくことは必須です。物件周辺の同業店をチェックすることは、出店後の自店舗の客層や売り上げを知るためにも役立ちます。以下の項目を調査して、リストにまとめておくとよいでしょう。

- ●営業時間
- ●店舗の規模（面積・間口・鏡面数など）
- ●時間帯別の入客数
- ●来店客の客層
- ●立地の比較（TG・看板の見え方など）

比較することが立地を見る目を養う

　本当に納得のいく物件を見つけるためには、

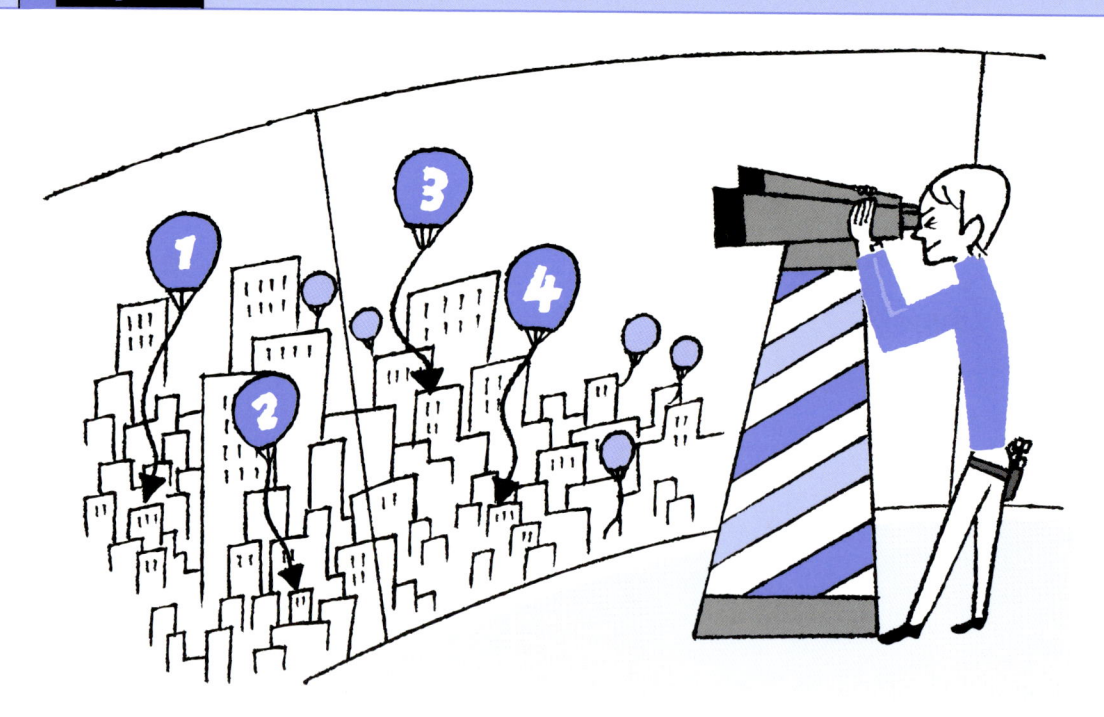

できるだけ多くの物件を比較してみることが必要です。必ずしも候補物件どうしだけで比較する必要はありません。既存店と比較するのはもちろん、専門誌などで紹介された繁盛店の住所や売り上げ、といった店舗データなども、自店と比較するのに大いに参考になります。

複数の店舗と比較してみて、物件立地の方が優れているのであれば、物件がその比較した店舗より繁盛する可能性は十分に考えられます。なによりも、多くの店舗立地を比較することで「立地を見る目」そのものが養われていくことでしょう。あせらず、じっくりと比較、検討してみてください。

実査は周辺で生活する人々の立場で

実査でもっとも重要なことは「物件周辺で生活する人々の立場」でものごとを考えるということです。自分がその街の生活者であった場合、物件は便利な場所、都合のいい場所でしょうか。単に駅に近いからと言って、その街で暮らす人にとってみれば、必ずしも便利な場所にあるかどうかはわかりません。物件は街並みの中で自然に見えるでしょうか、入りやすいでしょうか。このような視点で考慮することを「住民モード」と呼びます。実査の過程で、悩んだり行き詰ったときは、必ずこの「住民モード」に立ち返るようにしましょう。

「好立地」というのは、ひと言でいうと、多くの人々にとって便利で、わかりやすく、入りやすいということです。ですから、好立地に出店するということは、お客様のことを考えた第1のホスピタリティなのです。

近年、美容業界は成熟期に入ったといわれています。他店との差別化を図ることが難しくなってきたということです。待ち受けているのは淘汰の波。差別化が難しくなれば、立地のよい店が生き残っていくことは過去の歴史から明瞭です。読者のみなさんが、立地で失敗せず出店されることを願ってやみません。

実査チェックシート(商店街・住宅街立地用)

来店してくれる人が周りにいるか	物件近くに人々が集まる場所があるか
☐ 周辺は人々が居住している地域 ☐ 周辺は人々が働くために流入してきている地域 ☐ 周辺は学生が通学のために流入してきている地域 ☐ 幹線道路による分断がないか(　　　　　) ☐ 河川による分断がないか(　　　　　) ☐ 鉄道による分断がないか(　　　　　) ☐ 休日も人々がいる地域か	☐ 周辺に駅(出入り口)があるか 　(駅名：　　乗降者数：　　距離：　　) ☐ 周辺に大型商業施設(出入り口)があるか 　(施設名：　年商：　面積：　距離：　) ☐ 周辺に人々が集まる交差点があるか ☐ その他のTGがあるか ① (名称：　　　　　　　　) ② (名称：　　　　　　　　) ③ (名称：　　　　　　　　)
人々が集中して行き来する道(動線)はどこか	**看板やお店が人々から自然に見えるか**
☐ 物件は動線上に位置している 動線の種類 駅動線・購買動線(回遊動線)・住宅動線 通勤通学動線 ☐ 物件は動線上からやや離れている(　　m) ☐ 物件は動線からの影響を受けない	☐ TGから見えるか 　(TG1：　　TG2：　　TG3：　　) ☐ 動線から見えるか 　(方向①：　方向②：　方向③：　方向④：　) ☐ 見えなくなる要因 　☐ 障害物によって遮られる 　☐ 周辺看板や背景に溶け込んでしまう 　☐ 近くに有名看板や目立つ看板がある ☐ 改善は可能か(　　　　　　　　　　)
建物の造りや土地の状況はどうか	**覚えやすい立地か**
☐ 物件面積　(　　坪) ☐ 間口　　　(　　m) ☐ 段差の有無(　　cm) ☐ 階段の幅　(　　cm) その他の環境 ☐ 振動・騒音がないか ☐ 西陽が当たらないか ☐ 物件前は歩きやすい状態か(安全か)	☐ ランドマークで簡単に説明ができるか ランドマークの種類 　駅　　　　　　(　　　　　　　) 　公共施設　　　(　　　　　　　) 　大型集客施設　(　　　　　　　) 　商業施設　　　(　　　　　　　) 　高層建築物　　(　　　　　　　) 　有名チェーン店(　　　　　　　) 　交通施設　　　(　　　　　　　)

調査場所に持参してチェックしましょう。

chapter 4

顧客を呼ぶ物件の条件と契約のポイント

通りから認識されやすい物件のほうが集客に結びつきます。美容室の場合、その他に、排水や電気、ガスの容量など、滞りなく営業していくために必要な条件をクリアしなくてはなりません。納得の物件を契約するために必要な確認ポイントをご紹介します。

株式会社C.P.O設計　伊東正博

物件のチェックポイント

路面物件

　路面物件はサロンの存在感をアピールすることができるので、広告機能が大きく、美容室には特に向いています。間口が広ければそれだけ広告力が強まりますが、一方でお客様がくつろげない、というデメリットが生まれてきます。間口が1に対して奥行きが1.4のバランスの物件が、美容室にとってベストな比率と言えます。以下のポイントで物件をチェックしてみましょう。

- ☐ 前面道路から店のファサード（入口）ははっきり見えるか？
- ☐ 物件の目の前に視界を遮る障害物はないか？
  電柱、大きな看板、街路樹などがある場合、通りの反対側からどのように見えるのか確認を。街路樹は季節によって生い茂ることがあり、その時期はまったく通りから見えないということもあります。近くの商店街などで確認しておきましょう。
- ☐ 入り口に開口部（窓など）がどのくらいあるか？
  サロンは通りから中の様子が見える程度に開放的であることが重要。間口が広くても、全体が壁に覆われている場合、路面店であっても広告としての意味合いがなくなり、集客につながらない。十分な開口部がない場合、間口をサロン仕様に変更できる場合と、間口を壊せない構造の場合があるので、自分で判断しないこと。
- ☐ ファサードの上部に看板はつけられるか？
- ☐ ファサードの向きは北か東向きであるか？
  陽射しが直接入り込む南、西向きは要注意。美容室は陽が直接入らず、店内の温度を一定に保つことができる真北がベスト。

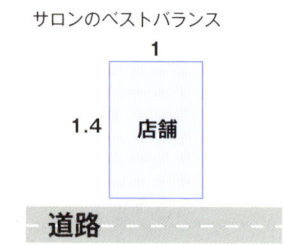

サロンのベストバランス

```
        1
    ┌───────┐
1.4 │ 店舗  │
    │       │
    └───────┘
      道路
```

間口が広すぎると
落ちつかない…

```
    ┌───────────┐
    │   店舗    │
    └───────────┘
         道路
```

半地下・2階物件

　路面物件の家賃が1とすれば、半地下・2階の物件は0.65〜0.7ほどになります。家賃が安くなる分だけ、集客力はやや弱まります。顧客を呼ぶポイントは専用階段があるかないか。家賃には反映しないのですが、この条件が集客に影響します。また、路面からショップの一部が見える、ということも重要です。外から様子が見えないと、営業が軌道に乗るまで時間がかかってしまいます。また、プライスの表示された置き看板を、建物の前(路上)に出せるかどうか、確認しましょう。町内会などで色や大きさなどルールを決めていたり、警察の指導が厳しくて置き看板が置けないというエリアもあります。

- [ ] サロンへの直通階段があるか？
- [ ] サロン（一部でも）が路面から見えるか？
    フロントなどサロンの様子が少しでも見えると、人は興味を持ちます。来店してみよう、というきっかけをつくりやすくなるのです。
- [ ] 専用階段が通りから見える場所にあるか？
    専用階段があってもわかりにくい場合、集客の妨げになります。半地下・2階物件は、通りから見える分かりやすい専用階段の存在が、集客に好影響を与えます。
- [ ] 物件の目の前に視界を遮る障害物はないか？
    路面物件同様、通りの反対側から見て、大きな看板や電柱、街路樹などで物件が隠れてたり、見えづらいことがないか確認をしましょう。
- [ ] 窓の向きは北か東向きであるか？
    特に2階物件の場合、窓が西や南に位置していると陽が直接入り込んでしまいます。
- [ ] 置き看板は出せるか？

3階以上の物件

　3階以上の物件は路面に比べて、新規顧客が入りやすい物件としての価値は半減します。前提条件としては、固定客をしっかり持っていることが大切です。3階以上の場合は、共用看板、袖看板と呼ばれるビルの横に張り出す看板がポイントとなります。路面から見やすい場所に設置してあるか、視角を遮るものがないかチェックしましょう。袖看板は家賃とは別に料金がかかります。また、プライス表示のある置き看板を路面に出せるかどうかも確認しましょう。家賃は路面店を1とした場合、だいたい0.5くらいが目安です。

- [ ] 電話で案内するとき、1階の店舗が目印になるか？
    または、有名なビル（あるいは目立つビル）が近くにあるか？
- [ ] ビルの外側に共用看板（袖看板）は出せるか？　看板の賃貸料はいくらか？
- [ ] ビルには専用エレベーターがついているか？
- [ ] エレベーター前の共用部分は広いか？
- [ ] 共用部分に看板を出すことはできるか？
- [ ] 置き看板は出せるか？

設備容量などのチェックポイント

　美容室は電気容量や排水など、チェックすることがたくさんあります。物件内部に問題があると、工事費に跳ね返り、予算オーバーになりかねません。後から「しまった」と後悔することがないように、デザイン会社など専門家と一緒に確認をしましょう。電気やガス、排水などの工事が必要であっても、物件のオーナーが美容室の入居を希望している場合には、工事代を負担してくれることもあります。

Check Point 1
天井高

　天井が高いと空間が広く感じられていいのですが、3ｍ以上あると通常のエアコンの効きが悪くなってしまいます。エアコンは天井高3ｍを基準につくられています。3ｍ以上の場合、容量を上げる必要があり、月の電気代は高くなります。

　建築基準法では、天井高は2.1ｍ以上と決まっています。1階は天井が高めに設定されていますが、2階以上、それも事務所仕様の場合は2.4ｍという物件が多くあります。美容室の場合、シャンプースペースの床を最低、180mm（18cm）上げなくてはなりません。2.4ｍの天井の場合では、シャンプースペースの天井高が2.22ｍになってしまいます。

　気をつけて欲しいのは25年以上前の物件。下の階の天井部分を下げて、そこに配水管を通しているため、天井の一部が低くなっていることがあります。この下にシャンプーを設置し床を上げると、圧迫感が生まれてしまいます。リッチな空間を演出できるのは、2.8～3.0ｍです。

Check Point 2
床

　シャンプーブースの配管のために、最低18cmほど床を上げる必要があります。セット面は電気配線のため、3～5cnは上げなくてはいけません。新築物件、しかも計画段階や工事の場合、配線や配管分だけ床を下げておいてくれますので、比較的簡単にバリアフリーにすることが可能です（この場合、工事費はかかりません）。

　内装工事が始まらないとわからないのですが、"不陸"と言って、古いビルなどコンクリートの下地が悪い物件の場合や、解体などで下地に大きな傷がついている場合、床の下地を平らにならす工事が必要となります。

　また、"逆スラブ"と言って、床全体が凹んでいる場合があります。前のテナントが飲食店の場合、可能性があります。凹んでいるので、バリアフリーにはしやすいのですが、凹んだ部分を持ち上げて平らにする工事が必要となり、100万円単位で予算がアップしてしまいます。

Check Point 3
給水

　美容室の場合、給水管の太さは20mm以上必要です。メーターボックスで確認しましょう。築20年以上の物件の場合、13mmの配管が多いのですが、貯塔タンクがあれば問題はありません。しかし、13mmで3階以上の物件ですと、シャンプー台は3台以上は置けません。

　3台以上設置したい場合は、20mmの配管に変える必要があります。工事は水道局に依頼しますが、工事には数か月ほどかかってしまいます。

　もう1つチェックして欲しいのが、給水圧力。美容室の場合、2.0は必要です。メーターボックスで2.0と確認できた場合でも、3階以上の物件の場合は、水圧が落ちる場合があります。3階以上を借りる予定なら、専門業者にチェックしてもらいましょう。圧力が足りない場合、ブースター（圧力ポンプ）をつけ圧力を上げます。また、シャンプー台と湯沸かし器の配管を直結させてしまうと水圧が弱くなってしまいます。工事の際、注意が必要です。

Check Point 4
排水

　シャンプーの設置台数にもよりますが、排水経口が60mm以上、トイレとシャンプーの2系統あると安心です。マンションの場合、60mm以下が多く、40mm以下ではシャンプー台が3台以上置けません。特にオフィス仕様の物件は要注意です。経口が小さく条件が合わない場合、壁に穴を開けて建物の外へ配管を出し、地下へつなげる雑排水の工事が必要になります。この工事は大家さんの許可が必要です。

Check Point 5
電気

　電気には電灯と電力の2種類があります。美容室の場合、容量を確保したいのが電灯。ドライヤーは電灯を使用します。ドライヤー1台1500w（1.5kw）です。それを2台同時に使用すると容量は3.0kw。ちなみに、壁の2口コンセントは2.0kw。複数のドライヤーを同時に使うと、ブレーカーが落ちるという事故が起こることがあります。美容室の電気容量を知らないで工事すると必ず起こることです。

　電灯の計算は、店舗面積(坪数)×0.5 で計算できます。30坪の場合、30×0.5＝15kwです。一方、美容室の場合、動力はエアコンしか使いません。電動は 店舗面積(坪数)×0.4 で必要容量が計算できます。30坪の場合、30×0.4＝12kwとなります。

　ビル1棟で使用できる電気容量は、49kwと決まっています。例えば、4階建のテナントビルの2階に入居を考えている場合。1、3、4階がレストランで、それぞれ15kw使用していたとすると、残り3kwしか使えないことになります。この場合、①入居をあきらめる、②エアコンをガスに変更する、③大型変圧器（キュービクル）をビルに設置して全体の容量を上げる、ことが考えられます。

　②の場合、ガス代のほうが電気代よりも高くつき、③の場合、取り扱い業者や地域によって条件が異なる上、工事費が200〜300万円ほどかかります。詳細は専門家へ相談しましょう。

chapter 4

Check Point 6
エアコン

店舗物件の場合、多くがスケルトン（必要設備、内装を自分で工事できるように）となっていますので、基本的にエアコンは自分で設置することになります。もし、物件にエアコンが設置されている場合、10年以上前のエアコンはフロンガスが出るので、新しいものに替えることをおすすめします。10年未満なら、10年までは使用できます。それ以上は、営業中にエアコンが効かなくなるなど、不具合が出てくるようになるので、新しいものに付け替えましょう。

Check Point 4
ガス

都市ガスとプロパンガスの2種類があり、都市ガスは地中に埋設された導管から利用します。都市ガスが引き込まれていない地域では、プロパンガスで対応します。

飲食店が多く入っているテナントビルに入居を考えている場合、ガス容量を確認する必要があります。容量が足りない場合、前面道路から引き込み工事をする必要があります。引き込み料は距離により、30～100万円ほどです。

他のテナントが事務所やコンビニの場合でしたら、ガスを使用しないので容量は問題ありません。プロパンガスの場合、ボンベからガスが供給されます。美容室の場合、約5～6本のボンベが必要ですので、設置場所を確保し管理対策を考える必要があります。

また、プロパンガスは、車から導線を引いてボンベにガスをチャージする場合があります。チャージの場合、導線は約35m。ボンベは通常、建物裏に設置されますので、建物の前面の駐車場に停めた専用車からボンベまでが35m以内でないとガスをチャージできません。搬入経路の確保が必要です。

こんなことにも要チェック！

古い木造戸建て

家賃が安く、自由に改装させてもらえるなど、若い美容師さんには人気の物件。大家も古い物件の改装に関してあまり気にはしないことから、いろいろな部分で改造されていることがあります。中でも注意したいのが、柱や筋交いを勝手に抜かれてしまっていること。柱や筋交いは建物を支える必要不可欠な構造。これがないと、地震で倒壊する恐れがあるだけでなく、通常でも建物が傾いてしまうキケンです。前のオーナーがしたことだから、と放っておくことはできません。下の表の耐震基準では、耐震構造の目安は1.0ですが、築20年以上の木造物件は0.7以下が多いものです。大家さんに補強をお願いするなど、対策が必要です。

耐震基準	
1.5以上	◎倒壊しない
1.0～1.5未満	○一応倒壊しない
0.7～1.0未満	△倒壊する可能性がある
0.7未満	×倒壊する可能性が高い

契約書のチェックポイント

物件を探しているときは、目の前に迫る店のオープンのことだけに集中してしまいますが、物件の契約書には、家賃の更新や退去するときの条件など、営業を続けていく上で大切なことが記載されています。契約内容によっては、借主に不利な場合があります。印鑑を押す前に、以下のことをチェックしておきましょう。

☐ **賃貸借のタイプはどちらか？**

賃貸借契約には次の2つがあります。「賃貸借契約」と「定期建物賃貸借契約」です。
「賃貸借契約」は更新をしながら長く借りることができ、借主である美容室のほうが法的に厚く保護されているのに対し、「定期建物賃貸借契約」では、契約が数年に限定され自動的に更新されることはありません。契約終了の6か月前までに通知がくれば、退去をしなくてはならないのです。特に、都心部ではこの契約が増えており、更新ができても家賃の値上げが条件になるなど、美容室側にとってはやや不利な内容が多いのが特徴です。

☐ **家賃はいつから発生するか？**

オープンまでの空家賃（営業をしていないのに発生してしまう家賃のこと）はできるだけ抑えたいもの。いつから家賃が発生するか確認しておきましょう。内装工事日を家賃発生日にしてくれることが多いので、交渉してみましょう。

☐ **家賃の更新料はいくらになっているか？**

月の家賃の0.5～1か月分。更新時に家賃が値上げされることがありますが、そのときの更新料が、旧家賃なのか、新家賃なのか明記されていないことがあります。確認を。

☐ **賃貸契約の解約は何か月前の告知になっているか？**

通常は3～6か月前までに、書面で予告すること、と記載されています。

保証金はいつ返還されるのか？

通常、半年以内に返還されることが多いのですが、中には、解約1年後となっているものや、次のテナントが決まって新たに保証金が入金されてから、と記載されているものもあります。拡張などで別の物件に移転する際、現在の物件の保証金をあてにしたために、トラブルになることがあります。保証金の返還に関してはトラブルが多いので、最初に確認しておきましょう。

引渡し状況はどのように設定されているか？

退去するときは、原状復帰が原則です。借りたときにスケルトンだったなら、スケルトンにして返すということ。仮に、事務所仕様になっている物件を借りた場合、原状復帰で引き渡すとなると、事務所仕様にして返さなくてはならず、退去時に300万円ほどの費用がかかってしまうことがあります。

店舗物件は探しにくくなった？

消費が高度化し、店舗経営は、立地条件によって売り上げが左右されるようになってきています。

このため、店舗物件を中心に大手企業や外資系企業が所有するようになり、物件情報が一般的に流通しなくなってきています。さらに、日本の不動産が投資の対象となったことで、フロアごとに所有者が違うビルも出現。所有者が短期間で代わるなど、契約が複雑で難しくなっている、という傾向も出てきています。

こうした最近の流れを受けて、不動産業者の中には都心部を中心に、ある分野に特化する会社も出てきました。例えば、店舗だけを専門に扱う会社は、借主に代わって保証金や敷金、賃料の交渉もしてくれるところもあります。

個人が美容室を安定的に経営していくためには、どのような大家さんから物件を借りるのかは重要です。都心部では、投資家が所有するビルを中心に、「定期建物賃貸借契約（p99参照）」に切り替わっており、個人店が商売をしていくには難しい交渉が必要となっています。

一方、同じエリアでも、個人の大家さんが所有する物件の中には、相場に比べて保証金が安く、10年以上も家賃が据え置き、というケースもあるのです。足を使って納得するまで探してみましょう。

物件を探す際に注意しておきたいことが1つ。不動産業者や大家さんはできるだけ常識的で信頼の置ける人に物件を貸したい、と考えています。TPOによって身だしなみを考えることは社会人として大切です。融資の申し込みと同じように、服装、マナー、ルールを考えて臨みましょう。

サロン設計実例

サロンの内装を考えるのは、開業準備の中で最も楽しいひととき。美容室の場合、変形物件でも比較的無駄なスペースをつくらずに設計することが可能です。作業がしやすく、お客様が過ごしやすいレイアウトを考えましょう。

実例1

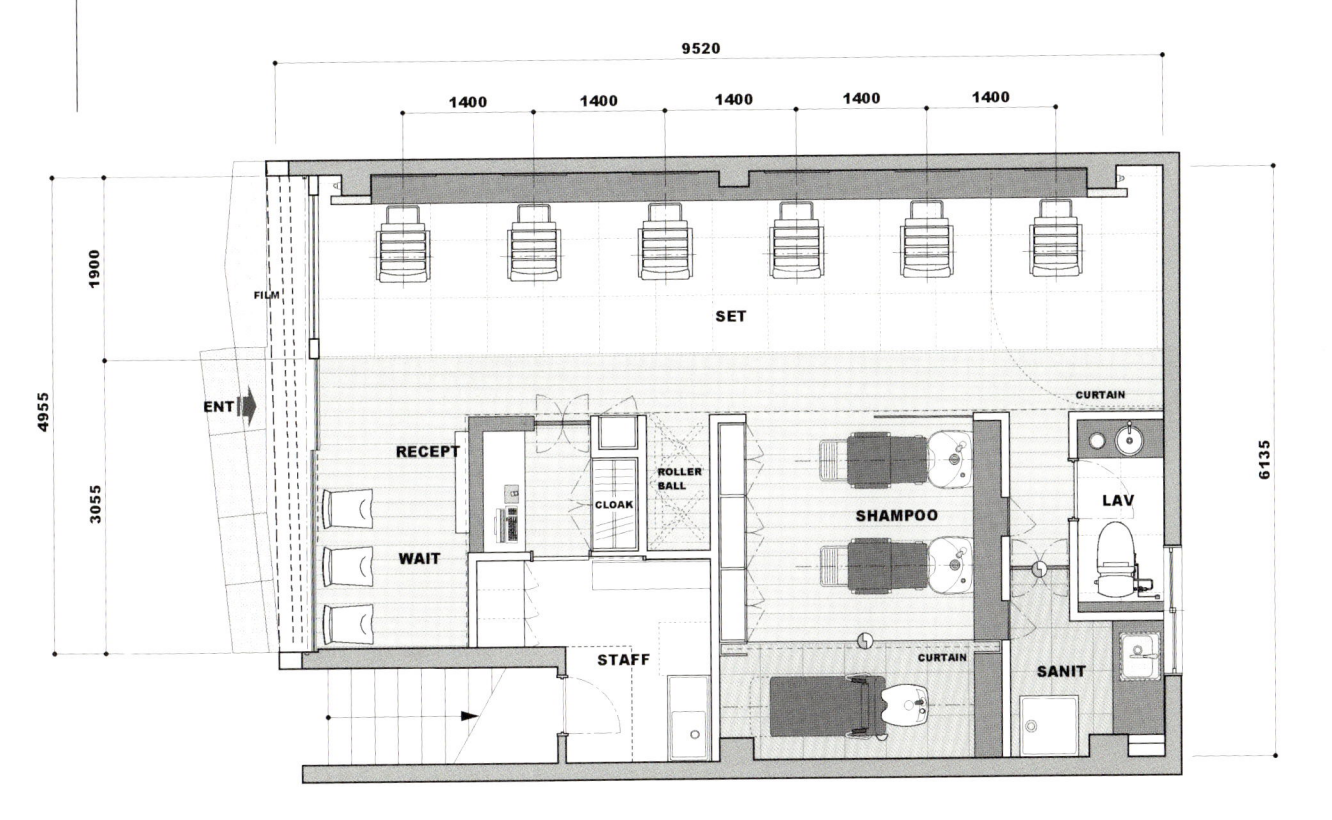

ROUGE目白台店（東京都・文京区）
営業面積/18.39坪
設計/野中健吾（株式会社C.P.O設計）

chapter 4

実例 2

Decora（埼玉県・川越市）
営業面積/19.5坪
設計/岡野聖郷（株式会社C.P.O設計）

chapter 4

実例3

Shine（茨城県・つくば市）
営業面積/18坪
設計/岡野聖郷（株式会社C.P.O設計）

実例4

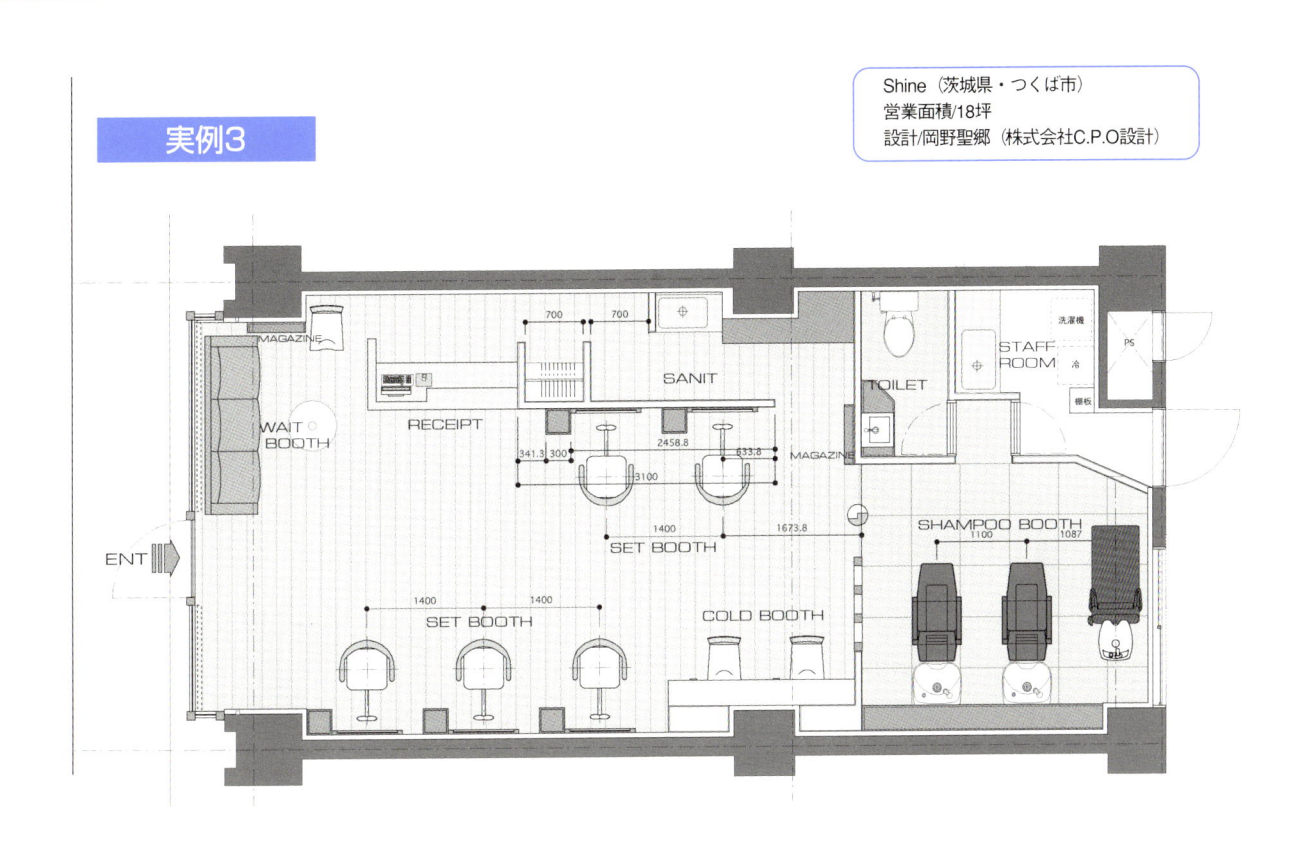

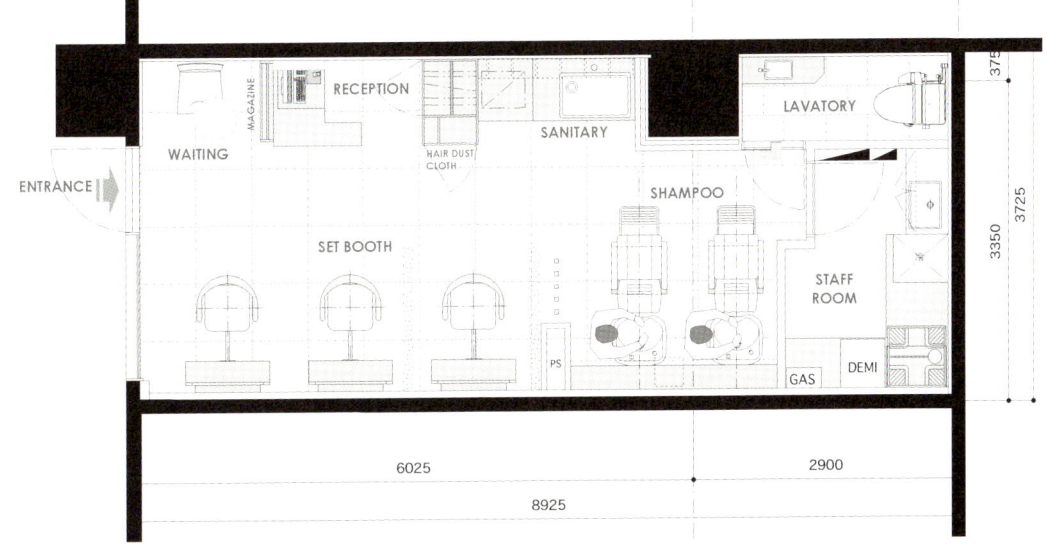

re:birth（東京都・品川区）
営業面積/10坪
設計/笹本檜値子（株式会社C.P.O設計）

chapter 4   103

物件探しからサロンオープンまでの流れ

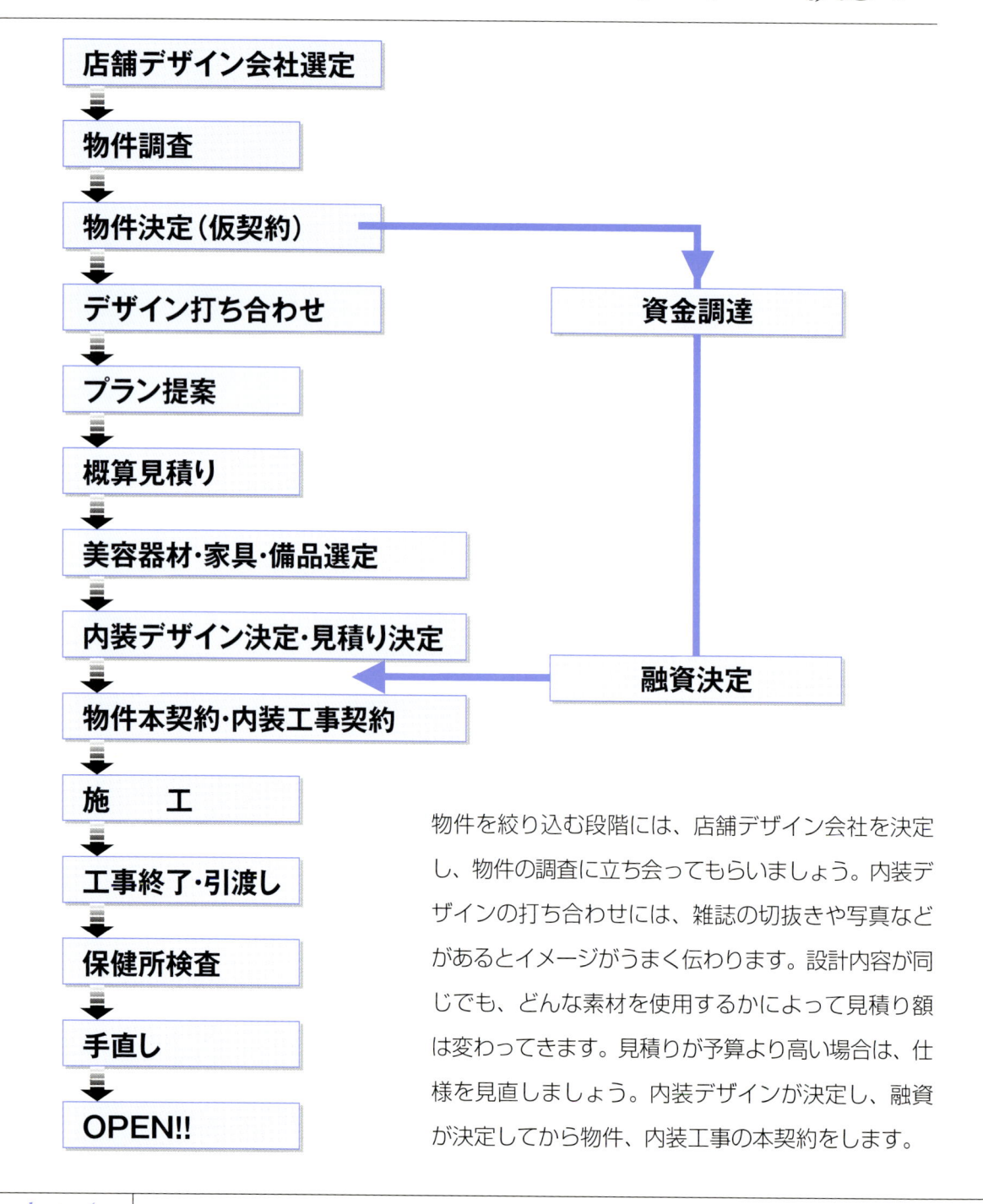

```
店舗デザイン会社選定
　　↓
物件調査
　　↓
物件決定（仮契約） ──────→ 資金調達
　　↓
デザイン打ち合わせ
　　↓
プラン提案
　　↓
概算見積り
　　↓
美容器材・家具・備品選定
　　↓
内装デザイン決定・見積り決定 ←── 融資決定
　　↓
物件本契約・内装工事契約
　　↓
施　　工
　　↓
工事終了・引渡し
　　↓
保健所検査
　　↓
手直し
　　↓
OPEN!!
```

物件を絞り込む段階には、店舗デザイン会社を決定し、物件の調査に立ち会ってもらいましょう。内装デザインの打ち合わせには、雑誌の切抜きや写真などがあるとイメージがうまく伝わります。設計内容が同じでも、どんな素材を使用するかによって見積り額は変わってきます。見積りが予算より高い場合は、仕様を見直しましょう。内装デザインが決定し、融資が決定してから物件、内装工事の本契約をします。

美容器材・家具・備品発注リスト

品名	数	問い合わせ先	購入orリース	価格	納入日
			購 ・ リ		
			購 ・ リ		
			購 ・ リ		
			購 ・ リ		
			購 ・ リ		
			購 ・ リ		
			購 ・ リ		
			購 ・ リ		
			購 ・ リ		
			購 ・ リ		
			購 ・ リ		
			購 ・ リ		
			購 ・ リ		
			購 ・ リ		
			購 ・ リ		
			購 ・ リ		
			購 ・ リ		
			購 ・ リ		
			購 ・ リ		
			購 ・ リ		
			購 ・ リ		
			購 ・ リ		
			購 ・ リ		
			購 ・ リ		
			購 ・ リ		

chapter 4

宮村浩気（afloat）

独立の理由は「みんなが幸せになる店をつくること」。

　オープン以来、僕はほとんど無休です。丸1日休む日は、正月以外にはありませんね。特にオープン直後の数年は、自分が頑張らなければいけないという気持ちと、まだ任せられないという気持ちで、ガムシャラに働きました。最近は少しずつ任せていける幹部が育ってきていますから、あと2年後、僕が厄年になったら、月に何日かは休みをもらおうかな、と思っています。

　僕が独立した理由は「みんなが幸せになる店をつくること」でした。それは今もまったく変わっていません。でも実際にそれを実現することは簡単でないことを実感しましたね。自分の進みたい方向と、スタッフが進みたい方向は必ずしも一致していない。このギャップをどう埋めていくか。人の問題と言ってしまえばそれまでですが、この7年間でいろいろと経験をしましたよ。

　独立すると、すべてが自分の責任になります。勤めているときは違って、何の保証もなくなります。もちろん、借りたお金の返済は大変です。僕の場合は、独立して収入がダウンしました。勤めていたほうが収入は良かったですね。今考えると、責任もなくて気楽でした。

　最初は、きっと税金にも驚きますよ。僕はすごく驚きました。なぜこんなに払わなければいけないのか？　って。これじゃあ、現金は残らないはずだと思いましたから。

　独立して良かったかどうかは、これから結果が出てくるんだと思います。でも、それはスタッフ次第。スタッフが育っていって、それぞれの責任を持ちながら仲間として一緒に仕事を続けていけるようになりたい。「みんなが幸せになる店をつくること」は「スタッフの幸福＝自分の幸福」という理想を実現することだと思います。

Chapter 5

美容室の開設手続き

美容師は「業務独占資格」 ………… 114

美容室を開業するには、
美容師法に基づいた
手続きが必要です。
保健所に書類を提出し、
検査を受けなくてはなりません。
どのような手続きや届出が
必要でしょうか。
開設手続きについて解説します。

美容室の開設に必要な手続き・届出について

美容室を開設する際には、美容師法の規定に基づいた手続きをとる必要があります。
まず『開設届』などの必要書類を管轄の保健所に提出し、その後、保健所による開設検査が実地で行われます。そこで法律に適切に沿っているかが確認されて、開業することができます。

資料提供／東京都港区みなと保健所

年　　　月　　　日

（あて先）港区みなと保健所長

開設者住所

氏　　名

　　　年　　月　　日生　電話　（　　　）
（法人の場合は、その所在地、名称及び代表者氏名）

理・美容所開設届

下記のとおり開設するので、理容師法第１１条第１項／美容師法第１１条第１項　の規定により届け出ます。

記

1	施設の名称	
2	施設の所在地	東京都港区　　　　　　　　　　　　　　電話
3	管理理・美容師氏名　住所	
4	構造及び施設の概要	別紙のとおり
5	理・美容師の氏名・免許証番号及びその他の従業者の氏名	別紙のとおり
6	理・美容師にあっては伝染性疾病の有無	
7	開設予定年月日	年　　月　　日

添付書類　1　理・美容師にあっては当該理・美容師に係わる伝染性皮膚疾患、結核の有無に関する医師の診断書
　　　　　2　管理理・美容師にあってはそれを証する書類
　　　　　3　開設者が外国人の場合は、外国人登録原票の記載事項に関する区市町村長の証明書

注　開設者は太枠の内側だけ記載してください。

開設手続きの流れ

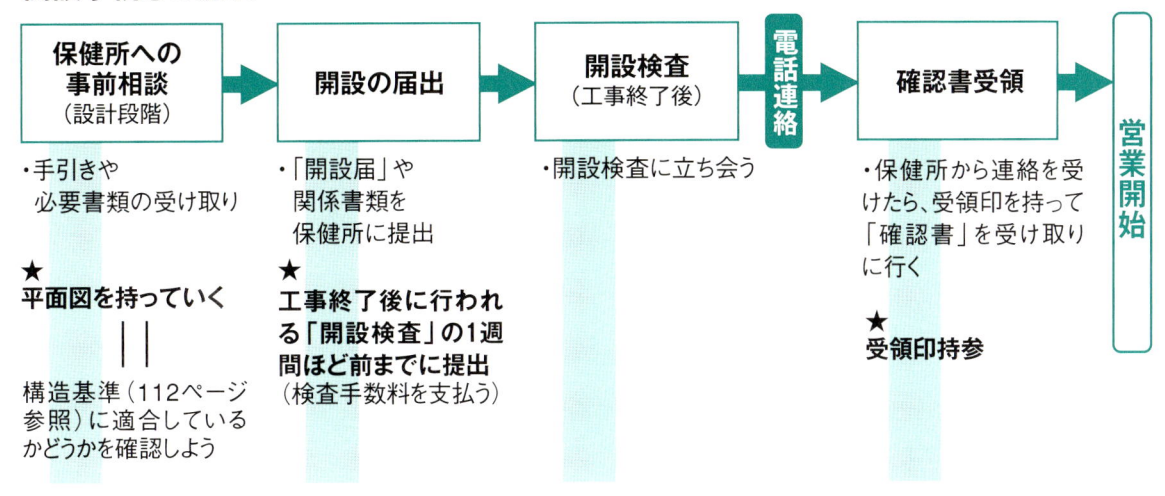

```
保健所への事前相談（設計段階） → 開設の届出 → 開設検査（工事終了後） →〔電話連絡〕→ 確認書受領 → 営業開始
```

- 手引きや必要書類の受け取り
  ★ 平面図を持っていく
  ‖
  構造基準（112ページ参照）に適合しているかどうかを確認しよう

- 「開設届」や関係書類を保健所に提出
  ★ 工事終了後に行われる「開設検査」の1週間ほど前までに提出（検査手数料を支払う）

- 開設検査に立ち会う

- 保健所から連絡を受けたら、受領印を持って「確認書」を受け取りに行く
  ★ 受領印持参

1 美容室の開設、開業までに必要な手続きと流れ

　おおまかな流れは、上の≪開設手続きの流れ≫にあるように、事前相談→届出（開設届、添付書類、検査手数料）→開設検査（立会）→確認書受領→開業となります。

　美容室を開設する際に、保健所へ書類の提出や検査などを受けなければならないのは、不特定多数の人が集まる美容室においては、公衆衛生の観点から、消費者が安心して利用できる設備であるかどうかを確認するためのものです。

　ちなみに『美容師法』の第1条・目的には「公衆衛生の向上に資する」と記載されています。

　具体的には、開設する美容室の構造設備、衛生管理の措置、従業者の資格などが適法かどうか、書類と実地検査によって審査されます。

　ただし、構造設備や衛生管理の措置などの基準は、都道府県ごとに条例で定められています。そのため、実際には開設を予定している地域を管轄する保健所に事前に相談することが、最初に行うべき行動となります。

　できれば設計段階で保健所に相談に行くことが望ましいでしょう。少なくとも、うちのり※で13m²以上の作業室面積がなければ開設はできません。また面積に応じてセット面の数などに決まりもあります。これまで美容室を手がけたことのある設計会社であれば問題はないでしょうが、初めて美容室を設計する場合には、各保健所に用意されている手引書などで確認しておくことが必要です。

※うちのり（内法）／カベや柱など内側を測ること

2 管理美容師の資格

　美容室を開設し、美容師である従業員を雇用する場合には、管理美容師の資格が必要です。正確に言えば、常時2名以上の美容師が働く美容室には、管理美容師が1名以上いなけれ

ばならない、という決まりがあります。

　管理美容師の資格の取得には、認定講習会（春と秋の年2回が多い）を受講する必要があります。この認定講習は、美容師資格取得後、3年以上、美容室で働けば受講することができます。

　開業を目指す美容師が注意しなければならないのは、認定講習会の申し込み締め切り日や講習日程によっては、1年以上、認定講習を受けられない可能性があることです。

　自分1人で開業する場合はともかく、スタッフを雇用して開業するつもりならば、管理美容師の認定講習の日程や申し込み締め切りなどを事前に調べておきましょう。開業までに管理美容師の資格が取得できるように、遅くても開業の1年以上前に調べておくことが必要です。

　なお、常時2名以上の美容師が働く美容室には、必ず管理美容師がいなければなりません。ですから、開業後、支店を出す予定があるならば、キャリア3年以上のスタッフを管理美容師の認定講習を受けさせることも考えておきましょう。

3 必要な書類（届出）と内容

　美容室の開設の際に保健所に提出する書類は以下の通りです。

(A)「開設届」（108ページ参照）
①届出する方の氏名、住所、生年月日、電話番号（法人の場合はその名称、所在地、代表者氏名）
②開設する美容室の名称、所在地
③管理美容師氏名、住所、管理美容師講習会終了証（免許取得者が2名以上の美容室の場合）
④営業開始予定年月日

(B)「施設の構造設備の概要」（右ページ参照）
　東京都の「構造設備の基準」を次のページにまとめてあります。特に消毒設備、消毒器具などは、『美容師法』の目的とする「公衆衛生の向上に資する」ためにも不可欠な要素だと考えておきましょう。

(C)「美容室周辺の見取り図」
　開業する店舗の所在が明確に把握できるもの。

(D)「施設の平面図」
　設計・施工図で可です。平面図上に配置が必要な要素としては、以下の通りです。
①作業場、作業椅子、格納設備、消毒場所及び各部の寸法
②客待ち場所及び仕切り、便所、出入り口、従業員控え室等
③換気扇、冷暖房機、照明設備等
④洗濯機、ボイラー、紫外線消毒機等

(E)「従業員名簿」（右ページ参照）
　美容師資格を持つ従業員については、免許証番号を記入するとともに、免許証の本証、結核・伝染性皮膚疾患の有無に関する健康診断書（発効日から3か月以内）を提出します。

　また、開設者が法人の場合には登記事項証明書、外国人の場合には外国人登録済証明書も提出します。

●

　以上が開設に必要な届出です。これらに検査手数料を添えて、管轄する保健所の衛生課の窓口に提出してください。検査手数料は都道府県によって異なりますので、各保健所で確認して下さい。

理容所 構造設備の概要
美容所

建物の構造	鉄筋コンクリート、鉄骨、木造、その他（　　　　　） 　階建　使用部分　　　階				
採 光 窓	有				無
照　　明	蛍光灯			普通電球	
	W　　　個 W　　　個 W　　　個 W　　　個			W　　　個 W　　　個 W　　　個 W　　　個	
換　　気	機械（1種　2種　3種　換気扇　φ　　個）				
作 業 室	㎡	計	作業室と客待場所との境 ケース　ツイタテ その他（　　　　　）		
客待場所	㎡	㎡	理容イス　　台	シャンプーイス	台
作業イス	台	内	セットイス　　台	美顔術イス	台
		容	ドライヤーイス　台		
アームドライヤー	台		コールド待ちイス　台		
床	コンクリート、　タイル、　リノリュウム、　板				
腰　板	コンクリート、　タイル、　リノリュウム、　板				
消毒設備	消毒室(場所)	㎡	乾燥棚	
	紫外線消毒器	台	布片格納棚 (タオル等収…)	
	メスシリンダー 　　　　CC　個 　　　　CC　個		消毒済器具… (消毒済は…)	
	薬液容器 　　平型　　個 　　円筒型　　個		未消毒器… (使用済は…)	
	器具(タオル)洗場	箇所	未洗浄布… (使用済タ…)	
その他設備	蒸タオル器	台	暖房設備 エアコ… ーブ、モ…	
	ふたつき毛髪箱	個		
	ふたつき汚物箱	個		
	全身美容ベッド	台	冷房設… エアコ…	

従業者名簿

氏　　名 生年月日	免　　許			備　考
	取得都 道府県	年月日 番号	照合印	
・　・　生		・　・		
・　・　生		・　・		
・　・　生		・　・		
・　・　生		・　・		
・　・　生		・　・		
・　・　生		・　・		
・　・　生		・　・		
・　・　生		・　・		
・　・　生		・　・		

※理・美容師免許をお持ちの方については、免許の本証及び健康診断書（結核・伝染性皮膚疾患の有無を明記したもの）をお持ちください。

構造設備の基準（東京都の例）

項目	内容
作業室面積	有効面積（うちのり計算）で13m²以上。 レジ、踏み込み、手洗い所等の面積は含まない。
客待ち場所	ついたて、ケース等で作業室とは明確に区分する。 位置は入り口の近くで作業に支障のない場所とし、 望ましい面積は作業室面積の6分の1以上。
椅子の台数	作業室面積が13m²の場合は6台までが基準。 1台増やすごとに3m²の作業室面積が必要。 セット、コールド待ち、シャンプー、美顔椅子も台数に含む。
床・腰板	床及び腰板には、コンクリート、タイル、ビニールタイル、 板等の不浸透性の素材を使用する。
洗い場	洗い場は流水装置とし、給湯設備があることが望ましい。 周囲はコンクリート、タイル等の不浸透性の材料で作る。
消毒　設備	消毒設備を設ける。消毒室、消毒コーナー等を設けることが望ましい。
消毒　器具	液量計（メスシリンダー）50ml用および500ml用、消毒用バット、 蓋付き容器、薬液容器などを備える。
格納容器　消毒済・未使用	消毒剤の器具、布等を格納する容器又は収納ケース、 戸棚等を備える。いずれも密閉式であること。同様に未使用のタオル、 布等の格納するケース、戸棚等を備える。
格納容器　使用済	使用済みの器具、布等を格納する容器、ケース等を備える。
汚物箱等	蓋付きの毛髪箱、及び汚物箱等を備える。
採光・照明	作業室は採光、照明、換気が十分に行える構造設備であること。 （作業面は100ルクス以上）
換気	換気は機械式換気設備が望ましい。 自然換気の場合は、有効開口部に設け、 他の排気の影響を受けない位置に設置。 石油、ガスを燃焼させる器具、給湯設備は密閉型が望ましい。
便所　休憩所	便所を設け、専用の手洗い及び石鹸等を備えることが望ましい。 従業者が更衣等を行うため、その数に応じた適当な広さの 休憩室を設けることが望ましい。

4 開設時以外に届出が必要なケース

東京都の場合、開設後の運営にあたって必要な届出は、1．開設届、2．変更届、3．従業員変更届、4．地位承継届、5．廃止届、6．罹患届・治癒届などのケースがあげられます。

「1．開設届」は前記のように、①新しく美容室を開設する場合だけでなく、②経営主体を変更するとき、例えば、個人から法人、法人から個人、第3者からの譲渡などの場合、③増改築等で構造設備が当初の確認内容に変更を生じるとき（例えば50％以上の内部改造や大規模な模様替え、100％以上の増築など）、④移転するときなどで必要となります。

「2．変更届」は、①開設者の住所変更や改姓、②名称の変更、③改築・改装等で構造設備を変更したとき、などで必要です。

「3．従業員の変更届」は、新たに従業員を雇用したときなど、開設時に提出した「従業員名簿」に変更が生じた場合です。

「4．地位承継届」は、後継者が美容室を相続したとき、または法人の合併吸収等で開設者の地位を承継したときに必要です。

「5．廃止届」は、営業を廃止したときに必要なもので、開設時に保健所から受け取った確認書を添付して提出します。

「6．罹患届・治癒届」は、「3．従業員変更届」に医師の診断書を添付して届け出ます。

また、これらも都道府県の条例によって規定が異なるため、開設後に変更が生じる場合にはまず管轄の保健所に相談して書類を作成・提出して下さい。

5 開設後の美容室の運営に当たって注意すべき点

各保健所では、管内の全美容室に対して随時、立入検査を行います。ちなみに、立入検査を行うのは、環境衛生監視員という資格を持った保健所の職員に限られています。

環境衛生監視員の人たちが指摘するのは、多くの美容室で見受けられる衛生管理意識の不十分さです。消毒設備や器具の点検が不十分であったり、消毒そのものが行われていなかったりするケースも多く見られるそうです。不特定多数の人が集まる美容室には、衛生管理が必要です。また、美容師という国家資格は、業務独占資格です。資格のない人には、美容を業とすることができません。このことを、十分に理解しておきましょう。

特に消毒に関しては、美容師法施行規則の改正によって、平成12年の9月から美容室、理容室での消毒の方法が変わりました。感染症対策の充実強化の観点から、血液媒介性のウィルスにも効果がある方法に改正されています。消毒前の洗浄→消毒→水洗→保管といった手順に基づいた消毒方法を励行していきましょう。

管轄する保健所によって形式や内容は異なりますが、いずれも衛生管理について十分な措置がとれるよう相談、指導しているはずです。消毒方法の具体的な手順はもちろん、①施設、設備及び器具の管理　②従業者の管理　③衛生管理　④消毒　といった項目に関して、それぞれ必要な措置を記載した手引書も配布しています。是非、参考にしていきましょう。

chapter 5

美容師は「業務独占資格」。資格がなければ「美容」の仕事はできない

『美容師法』は、その目的として「公衆衛生の向上に資する」と規定し、美容師は"業務独占資格"であると同時に"名称独占資格"とも規定しています。つまり、「美容」を「業」として行うことは「美容師」にしかできない、と同時に「美容師」という名称は美容師資格を取得した人しか使ってはいけない、ということでもあります。

ちなみに、「業務独占資格」であり「名称独占資格」というのは、医師、弁護士、看護師、税理士などと同様の資格です。

美容室を開設する際に、保健所で手続きなどをしなければならない理由が、『美容師法』の目的にあるように、「公衆衛生の向上」という観点からなのです。

『美容師法』は、昭和32年（1957年）に制定され、その後も改正を重ねています。最近のもっとも大きな変更は、平成7年（1995年）にそれまでの実地修練制度（インターン制度）が廃止され、美容師養成施設（昼間・夜間課程）の修業年限がそれ以前の1年間から2年間になったことや、都道府県知事が認定する資格から厚生労働大臣が認定する資格になったこと、などがあげられます。

なお『美容師法』の根拠は、『日本国憲法』25条にある「1 すべての国民は、健康で文化的な最低限度の生活を営む権利を有する。 2 国は、すべての生活部面について、社会福祉、社会保障、及び公衆衛生の向上及び増進に努めなければならない。」と明記されていることにあります。この中の、「公衆衛生の向上及び増進」のために国が制定した法律の1つが『美容師法』なのです。

○美容師法（抜粋）

（目的）
第一条　この法律は、美容師の資格を定めるとともに、美容の業務が適正に行われるように規律し、もつて公衆衛生の向上に資することを目的とする。

（定義）
第二条　この法律で「美容」とは、パーマネントウエーブ、結髪、化粧等の方法により、容姿を美しくすることをいう。
2　この法律で「美容師」とは、厚生労働大臣の免許を受けて美容を業とする者をいう。
3　この法律で「美容所」とは、美容の業を行うために設けられた施設をいう。

（免許）
第三条　美容師試験に合格した者は、厚生労働大臣の免許を受けて美容師になることができる。

（美容師試験）
第四条　美容師試験は、美容師として必要な知識及び技能について行う。
2　美容師試験は、厚生労働大臣が行う。
3　美容師試験は、学校教育法（昭和二十二年法律

第二十六号）第五十六条に規定する者であつて、厚生労働大臣の指定した美容師養成施設において厚生労働省令で定める期間以上美容師になるのに必要な知識及び技能を修得したものでなければ受けることができない。

4　美容師養成施設は、次の各号に掲げる養成課程の全部又は一部を設けるものとする。ただし、通信課程は、昼間課程又は夜間課程を設ける美容師養成施設に限つて、設けることができる。

一　昼間課程　二　夜間課程　三　通信課程

（無免許営業の禁止）

第六条　美容師でなければ、美容を業としてはならない。

（美容所以外の場所における営業の禁止）

第七条　美容師は、美容所以外の場所において、美容の業をしてはならない。ただし、政令で定める特別の事情がある場合には、この限りでない。

（美容の業を行う場合に講ずべき措置）

第八条　美容師は、美容の業を行うときは、次に掲げる措置を講じなければならない。

一　皮ふに接する布片及び皮ふに接する器具を清潔に保つこと。

二　皮ふに接する布片を客一人ごとに取り替え、皮ふに接する器具を客一人ごとに消毒すること。

三　その他都道府県が条例で定める衛生上必要な措置

（免許の取消及び業務の停止）

第十条　厚生労働大臣は、美容師が第三条第二項第一号に掲げる者に該当するときは、その免許を取り消すことができる。

2　都道府県知事は、美容師が第七条若しくは第八条の規定に違反したとき、又は美容師が伝染性の疾病にかかり、その就業が公衆衛生上不適当と認めるときは、期間を定めてその業務を停止することができる。

3　厚生労働大臣は、美容師が前項の規定による業務の停止処分に違反したときは、その免許を取り消すことができる。

4　第一項又は前項の規定による取消処分を受けた者であつても、その者がその取消しの理由となつた事項に該当しなくなつたとき、その他その後の事情により再び免許を与えるのが適当であると認められるに至つたときは、再免許を与えることができる。

（美容所の位置等の届出）

第十一条　美容所を開設しようとする者は、厚生労働省令の定めるところにより、美容所の位置、構造設備、第十二条の三第一項に規定する管理美容師、その他の従業者の氏名、その他必要な事項をあらかじめ都道府県知事に届け出なければならない。

2　美容所の開設者は、前項の規定による届出事項に変更を生じたとき、又はその美容所を廃止したときは、すみやかに都道府県知事に届け出なければならない。

（美容所の使用）

第十二条　美容所の開設者は、その美容所の構造設備について都道府県知事の検査を受け、その構造設備が第十三条の措置を講ずるに適する旨の確認を受けた後でなければ、当該美容所を使用してはならない。

（地位の承継）

第十二条の二　第十一条第一項の届出をした美容所の開設者について相続、合併又は分割（当該営業を承継させるものに限る。）があつたときは、相続人（相続人が二人以上ある場合において、その全員の同意により当該営業を承継すべき相続人を選定したときは、その者）、合併後存続する法人若しくは合併により設立された法人又は分割により当該営業を承継した法人は、当該届出をした美容所の開設者の地位を承継する。

2　前項の規定により美容所の開設者の地位を承継した者は、遅滞なく、その事実を証する書面を添えて、その旨を都道府県知事に届け出なければならない。

（管理者）

第十二条の三　美容師である従業者の数が常時二人以上である美容所の開設者は、当該美容所（当該美容所における美容の業務を含む。）を衛生的に管理させるため、美容所ごとに、管理者（以下「管理美容師」という。）を置かなければならない。ただし、美容所の開設者が第二項の規定により管理美容師となることができる者であるときは、その者が自ら主として管理する一の美容所について管理美容師となることを妨げない。

2　管理美容師は、美容師の免許を受けた後三年以上美容の業務に従事し、かつ、厚生労働大臣の定める

基準に従い都道府県知事が指定した講習会の課程を修了した者でなければならない。

（美容所について講ずべき措置）
第十三条　美容所の開設者は、美容所につき、次に掲げる措置を講じなければならない。
一　常に清潔に保つこと。
二　消毒設備を設けること。
三　採光、照明及び換気を充分にすること。
四　その他都道府県が条例で定める衛生上必要な措置

（立入検査）
第十四条　都道府県知事は、必要があると認めるときは、当該職員に、美容所に立ち入り、第八条又は前条の規定による措置の実施の状況を検査させることができる。
2　略

（閉鎖命令）
第十五条　都道府県知事は、美容所の開設者が、第十二条の三若しくは第十三条の規定に違反したとき、又は美容師でない者若しくは第十条第二項の規定による業務の停止処分を受けている者にその美容所において美容の業を行わせたときは、期間を定めて当該美容所の閉鎖を命ずることができる。
2　当該美容所において美容の業を行う美容師が第八条の規定に違反したときも、前項と同様とする。ただし、当該美容所の開設者が美容師の当該違反行為を防止するために相当の注意及び監督を尽したときは、この限りでない。

（美容師の会）
第十六条　美容師は、美容の業務に係る技術の向上を図るため、美容師会を組織して、美容師の養成並びに会員の指導及び連絡に資することができる。
2　二以上の美容師会は、美容の業務に係る技術の向上を図るため、連合会を組織して、美容師の養成並びに会員及びその構成員の指導及び連絡に資することができる。

第十八条　次の各号のいずれかに該当する者は、三十万円以下の罰金に処する。
一　第六条の規定に違反した者
二　第十一条の規定による届出をせず、又は虚偽の届出をした者
三　第十二条の規定に違反して美容所を使用した者
四　第十四条第一項の規定による当該職員の検査を拒み、妨げ、又は忌避した者
五　第十五条の規定による美容所の閉鎖処分に違反した者

（読替規定）
第二十条　第十条第二項、第十一条、第十二条、第十二条の二第二項、第十四条第一項及び第十五条中「都道府県知事」とあるのは、地域保健法（昭和二十二年法律第百一号）第五条第一項の規定に基づく政令で定める市又は特別区にあつては、「市長」又は「区長」と読み替えるものとする。

美容業は「生活衛生業」の1つである

　美容業は、法律的には、生活衛生業に分類されています。
　生活衛生業とは、美容業や理容業をはじめとして、飲食店営業、喫茶店営業、公衆浴場業、旅館、興行場営業、クリーニング業などが含まれます。中小企業・零細業者が多く、一般金融機関からは融資が受けにくいといったデメリットがあるため、生活衛生業に対しては、『国民生活金融公庫』（平成20年10月以降は『株式会社日本政策金融公庫』）に生活衛生貸付という特別な融資枠を設けるなど、国としての優遇措置が設けられています。
　美容業を含む生活衛生業を規定する法律が、『生活衛生関連営業の運営の適正化及び振興に関する法律』です。『美容師法』と同様、昭和32年（1957年）に制定されたもので、以降、改正が重ねられています。

○生活衛生関係営業の運営の適正化及び振興に関する法律（抜粋）

(目的)
第一条　この法律は、公衆衛生の見地から国民の日常生活に極めて深い関係のある生活衛生関係の営業について、衛生施設の改善向上、経営の健全化、振興等を通じてその衛生水準の維持向上を図り、あわせて利用者又は消費者の利益の擁護に資するため、営業者の組織の自主的活動を促進するとともに、当該営業における過度の競争がある等の場合における料金等の規制、当該営業の振興の計画的推進、当該営業に関する経営の健全化の指導、苦情処理等の業務を適正に処理する体制の整備、営業方法又は取引条件に係る表示の適正化等に関する制度の整備等の方策を講じ、もつて公衆衛生の向上及び増進に資し、並びに国民生活の安定に寄与することを目的とする。

(適用営業及び営業者の定義)
第二条　この法律は、次に掲げる営業につき適用する。
一　（前略）飲食店営業、喫茶店営業、食肉販売業及び氷雪販売業
二　理容業（後略）
三　美容業（美容師法（昭和三十二年法律第百六十三号）の規定により届出をして美容所を開設することをいう。）
四　（前略）興行場営業のうち映画、演劇又は演芸に係るもの
五　（前略）旅館業
六　（前略）浴場業
七　（前略）クリーニング業

(生活衛生同業組合)
第三条　営業者は、自主的に、衛生措置の基準を遵守し、及び衛生施設の改善向上を図るため、政令で定める業種ごとに、生活衛生同業組合（以下「組合」という。）を組織することができる。

(振興指針)
第五十六条の二　厚生労働大臣は、業種を指定して、当該業種に係る営業の振興に必要な事項に関する指針（以下「振興指針」という。）を定めることができる。

2　振興指針には、次に掲げる事項について定めるものとする。
一　目標年度における衛生施設の水準、役務の内容又は商品の品質、経営内容その他の振興の目標及び役務又は商品の供給の見通しに関する事項
二　施設の整備、技術の開発、経営管理の近代化、事業の共同化、役務又は商品の提供方法の改善、従事者の技能の改善向上、取引関係の改善その他の振興の目標の達成に必要な事項
三　従業員の福祉の向上、環境の保全その他の振興に際し配慮すべき事項

3　振興指針は、公衆衛生の向上及び増進を図り、あわせて利用者又は消費者の利益に資するものでなければならない。

(振興計画の認定)
第五十六条の三　組合又は小組合は、組合員たる営業者の営業の振興を図るために必要な事業（以下「振興事業」という。）に関する計画（以下「振興計画」という。）（小組合にあつては、当該小組合の行う共同施設に係るものに限る。）を作成し、当該振興計画が振興指針に適合し、かつ、政令で定める基準に該当するものとして適当である旨の厚生労働大臣の認定を受けることができる。

2　振興計画には、次に掲げる事項を記載しなければならない。
一　振興事業の目標
二　振興事業の内容及び実施時期
三　振興事業を実施するのに必要な資金の額及びその調達方法

3　4　5　略

(資金の確保)
第五十六条の四　政府は、前条第一項の規定による認定を受けた振興計画（以下「認定計画」という。）に基づく振興事業の実施に必要な資金の確保又はその融通のあつせんに努めるものとする。

八木岡 聡（DaB）

独立には「志」と「覚悟」が必要
成功には周囲の応援が欠かせません。

　オープン前の8年間は完全にサロンワークから離れていたので、オープン時のお客様はゼロでした。

　物件に関しては、幸運にも準備できたお金に対して満足できるものを借りることができました。でも、内装費は不足していましたから、それは自分たちでやりましたよ。職人さんには来てもらいましたが、自分たちで床や壁のペンキも塗りました。

　とにかく店はオープンしましたが、暇でした。そこで確認できたのが、独立には「志」と「覚悟」が必要だということです。どういう店にしたいのかという「志」。実際には売り上げを含めて思い通りに行かないことに対する「覚悟」。この両方がなければいけないでしょうね。あの頃の半年くらいは、人生で初めての暇な日々でした。

　そういう状況で大切なことは、時間を埋める習慣です。忙しくなった自分をイメージしながら、時間を有効に使うこと。ペンキの塗り方もこだわりましたよ。どうしたらきれいに塗れるのかって。店の片付けもすごく大切。常にきれいに仕事をするためにはね。店の前の花壇にきれいな花が咲くように、気を入れて水を巻く。もちろん珍しい花を選ぶ。店のディスプレイも真剣に考える。

　正直に言えば不安もあったけれど、忙しくなったらいいなぁという願望を現実に変えるためには、まず周囲の人たちに対して、そうした何気ないシーンにもオリジナリティやこだわりを感じてもらえることを意識しましたね。お客様はまだいなくても、すでに「気」が入っている店をつくっておくというんでしょうか。

　実際に、お花のプロが車を停めて花を見に来ました。店を閉めてからは毎晩みんなで飲んでましたから、前の道を通る人が新しいバーができたのかと思って入って来たり…。存在を感じてもらえる努力が、その後の成功につながるんです。

　独立する人へのアドバイスがあるとすれば、今いる店でできないことは、独立したらできるわけじゃない、ということです。独立して成功するには、周囲に応援してもらわなければならない。それには、それまでに人に対してどれだけのエネルギーを注いだかが問われるのです。

Chapter 6

開業手続き

美容室を開業するということは、
新しく事業を始めるということです。
そのためには、事業者としての
登録が必要です。
事業者はいくつかの種類があり、
どのような事業を
行っていきたいかによって、
選択が変わってきます。
手続きは主に税務署で行います。

chapter 6

開業の手続き

自分の店を持つ、ということは新たに事業を始める、ということでもあります。
事業を始めるためには、事業者としての登録が必要です。
安定的な雇用を確保し、サロンを長く続け繁栄していくために、
事業者としての義務を果たす第1歩となります。
登録は主に税務署で行います。
これからどのようなサロンを運営していきたいかによって、
選択する事業者の種類が変わってきます。
美容室の場合、開業時には手続きが簡単な『個人事業』を選ぶ人が多いようです。
ここでは、個人事業と法人事業の違いから、手続きの流れ、注意点をまとめました。

文/三本勝己（三本勝己税理士事務所/株式会社エムエイピーシー）

開業とお店のオープンとは違う？

　自分の店を開くということは、あなたが新たに「事業」を始めるということです。事業とは継続的に行われる経済活動であり、あなたの店は社会性のある存在となるのです。店全体の売り上げから、家賃や材料費、光熱費などを支払うだけでなく、税金や将来的にはスタッフの社会保険なども支払わなくてはなりません。店をオープンするなら、事業者として登録を行う必要があるのです。

　事業者になるためには、個人で事業をしていく「個人事業」、株式会社など会社を設立する「法人事業」の2種類があります。そのうちのどちらかを選択する必要があります。

　法律が変わり、「法人」を設立するのに必要だった資本金制度がなくなったので、資本金が1,000万円以上必要だった株式会社は、特に手軽に設立できるようになりました。サロンが選択することが多かった有限会社は、法律の改正により新しく設立することはできなくなりました。法人の設立が簡単になったとはいえ、登記費用などがかかってしまいます。

　個人事業、法人事業は、それぞれにメリット、デメリットがありますので、今後、展開したい事業内容に合うほうを選択しましょう。潤沢な資金を準備できる、スタイリストとしての売り上げがかなり高く、開業後もかなり高い売り上げが期待できる、という場合は法人を選んだほうがメリットがあるでしょう。一方、軌道に乗るまではできるだけ出費を抑えたい、というのであれば、まずは個人事業からスタートすることをおすすめします。

　まずは、個人事業からスタートして、将来への展望が具体的に見えてきた時点で、法人に変更する、ということもできます。

個人事業と法人事業（株式会社）の違い

	個人事業	法人事業（株式会社）
資本金	なし。資本的な負担が軽減されるので、開業がしやすい	1円から。ただし、資本金が少ないと、法人としての信用度が低くなり、金融機関からの融資は受けにくい
登記	不要	必要（登記費用15～45万円）
経理処理	簡易帳簿	複式簿記。決算のときは、貸借対照表と損益計算書が必要
税制面	赤字の繰越控除は3年間。（青色申告）	赤字の繰越控除は7年間。給与所得控除の適用あり。法人税は28～37.5％。
社会保険	経営者は政府管掌の健康保険・厚生年金保険などに加入できない	社会保険に加入ができ、保険料の半額は会社負担の経費として損金処理できる
信用	会社としての信用力は法人と比べ低い	会社としての信用力は高い
責任	会社の負債に対して無限責任	会社の負債に対して有限責任

chapter 6

個人事業開業時に必要な届出書

個人事業の開設はそれほど難しくはありません。書類は税務署と税務事務所に届けるだけです。せっかく税務署に出向くのですから、開業時に必要な届出書はすべて手続きをしてしまいましょう。

個人事業開業時に必要な届出書

	届け出の名称	届出先	提出期間
必ず提出しなくてはいけないもの	①個人事業の開廃業等の届出書	納税地※の所轄税務署	開業の日から1か月以内
	②個人事業開始申告書	事業所所在地の市区町村役場（市役所・区役所・町村役場）もしくは、都道府県税務事務所	開業したら速やかに
必要に応じて提出するもの	③給与支払事務所等の開設届出書	事業所所在地の所轄税務署	開業の日が1月15日以前の場合は3月15日まで 開業の日が1月16日以降の場合は開業の日から2か月以内
	④所得税の青色申告承認申請書		
	⑤青色専従者給与に関する届出書	納税地の所轄税務署	開業の日が1月15日以前の場合は3月15日まで 開業の日が1月16日以降の場合は開業の日から2か月以内 または、専従者が働き始めてから2か月以内
	⑥源泉所得税の納期の特例の承認に関する申請書	事業所所在地の所轄税務署	期限はないが、できるだけ早く
専門家に相談して提出した方が良いもの	⑦所得税の減価償却方法の変更承認申請書	納税地の所轄税務署	初年度は確定申告提出期限まで。それ以降は変更しようとした年の3月15日まで

※納税地とは、基本的にあなたの自宅の住所のことで、事業所所在地とはサロンの住所です。
①の『個人事業の開廃業等の届出書』では、事業所を選択することができます。
事業所を選ぶと、書類を提出する税務署は1か所になるのでおすすめです。

各種届出書の内容

① 個人事業の開廃業等の届出書

「私は事業を始めました」と税務署にわかってもらうための届出書です。開業準備のためにお金を使うようになったら、あなたが暮らしている住所か、サロンのある住所を管轄する税務署にこの届出書を1か月以内に提出しましょう。あなたが選択した住所が納税地となります。書類によっては、サロンのある住所の所轄税務署に提出しなくてはなりません。この書類でサロンの住所を選ぶと、手続きが1か所になり便利です。

② 個人事業開始申告書

この書類は地方税（事業税・住民税など）に関連する手続きのために必要です。サロンの所在地である市区町村役場（市役所、区役所、町村役場）へ、提出しましょう。

③ 給与支払事務所等の開設届出書

スタッフを雇うようになったら1か月以内に税務署に提出するもの。サロンがある住所の税務署に出しておくとよいでしょう。

④ 所得税の青色申告承認申請書

青色申告をしたい場合には提出しなければならない届出書。開業の日から2か月以内に税務署に提出して下さい。青色申告を選択すると、帳簿を作成し、日々の管理をしていく必要があります。しかし、青色申告特別控除があり、赤字になった時に繰り越せ、30万円未満の消耗品を購入したりした場合には経費にすることが出来ます。青色申告の申請をしない場合や申請が開業の日から2か月以上が過ぎてしまった場合、開業年度は白色申告という扱いになります。白色申告は青色申告ほど帳簿の整備が必要でないという面はありますが、開業初年度に赤字になっても繰り越すことが出来ないので税金面では不利になります。

⑤ 青色専従者給与に関する届出書

配偶者や同居の両親などに給与を払う場合には予め届出書が必要です。青色申告の場合に活用出来ます。開業の日または専従者（配偶者や同居の両親などで事業に従事する人）が働き始めた日から2か月以内に提出して下さい。

⑥ 源泉所得税の納期の特例の承認に関する申請書

スタッフに給料を支払うと『源泉徴収』という形で給料から所得税を差し引かなくてはならないことになっています。徴収した所得税は本来毎月、給与を支払った翌月の10日に支払わなければなりません。しかし、スタッフが10人未満の場合、この書類を提出すると、7月と1月の年2回の納付で済みます。提出した翌々月の給与から適用されます。

例）申請した月が2月の場合

  2月の支給分

   →3月10日までに源泉税の納付

  3月―6月支給分

   →7月10日までに源泉税の納付

⑦ 所得税の減価償却方法の変更承認申請書

減価償却とは購入した資産の価値の下落を想定して毎年少しずつ経費にする方法をいいます。減価償却の方法には定額法、定率法など様々な方法があります。通常届出を出さない場合には定額法で償却することになります。

定額法は計算が簡単だというメリットがありますが、節税を意識した場合にはやや不利な方法です。開業当初はこの届出を出さずに定額法という方法で処理し、その後税金の負担が大きくなったら専門家に相談してより有利な方法に変更しましょう。変更しようとした年の3月15日（開業初年度は最初の確定申告提出期限）までに提出します。

chapter 6

主な届出書の書き方

届出書の記入はそれほど難しくありません。主な届出書の記入ポイントを解説します。

個人事業の開廃業等の届出書

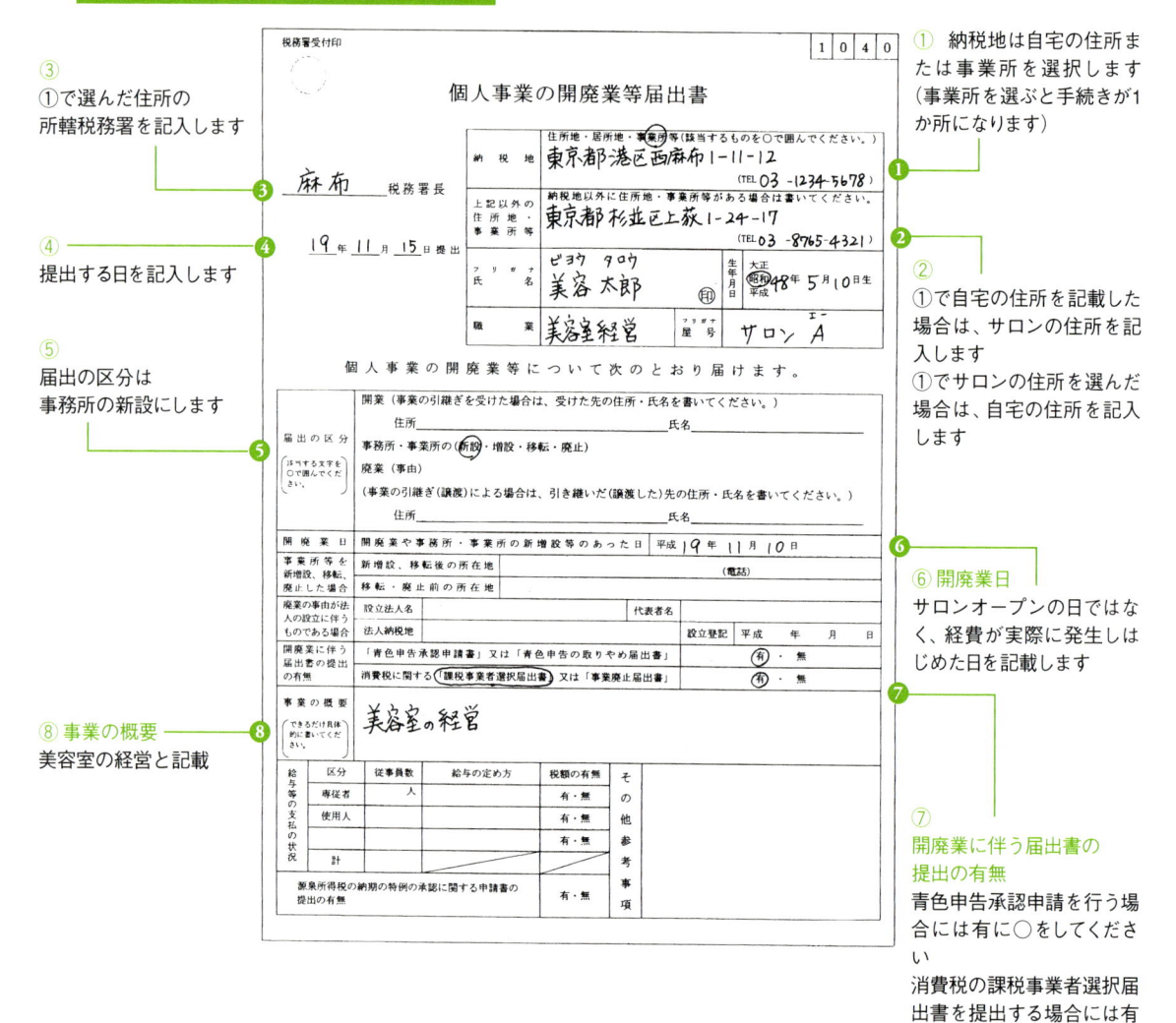

③
①で選んだ住所の
所轄税務署を記入します

④
提出する日を記入します

⑤
届出の区分は
事務所の新設にします

⑧ 事業の概要
美容室の経営と記載

① 納税地は自宅の住所または事業所を選択します（事業所を選ぶと手続きが1か所になります）

②
①で自宅の住所を記載した場合は、サロンの住所を記入します
①でサロンの住所を選んだ場合は、自宅の住所を記入します

⑥ 開廃業日
サロンオープンの日ではなく、経費が実際に発生しはじめた日を記載します

⑦
開廃業に伴う届出書の提出の有無
青色申告承認申請を行う場合には有に○をしてください
消費税の課税事業者選択届出書を提出する場合には有に○をします

提出先、用紙の入手先
国税庁のホームページで所轄税務署を調べることが出来ます。
以下のアドレスで所轄税務署を調べてください。開廃業届出書は、税務署に提出するところと、県税事務所へ提出するとところがあります。税務署に相談してみて下さい。
http://www.nta.go.jp/shiraberu/index.htm
提出する時には、届出用紙をコピーにとり控えを作成し、税務署に提出する際に、「受領印」という受け付けた日付と税務署名が入った印を押してもらいます。これを自分で保存しておくと提出した証拠になります。

給与支払事務所等の開設届出書

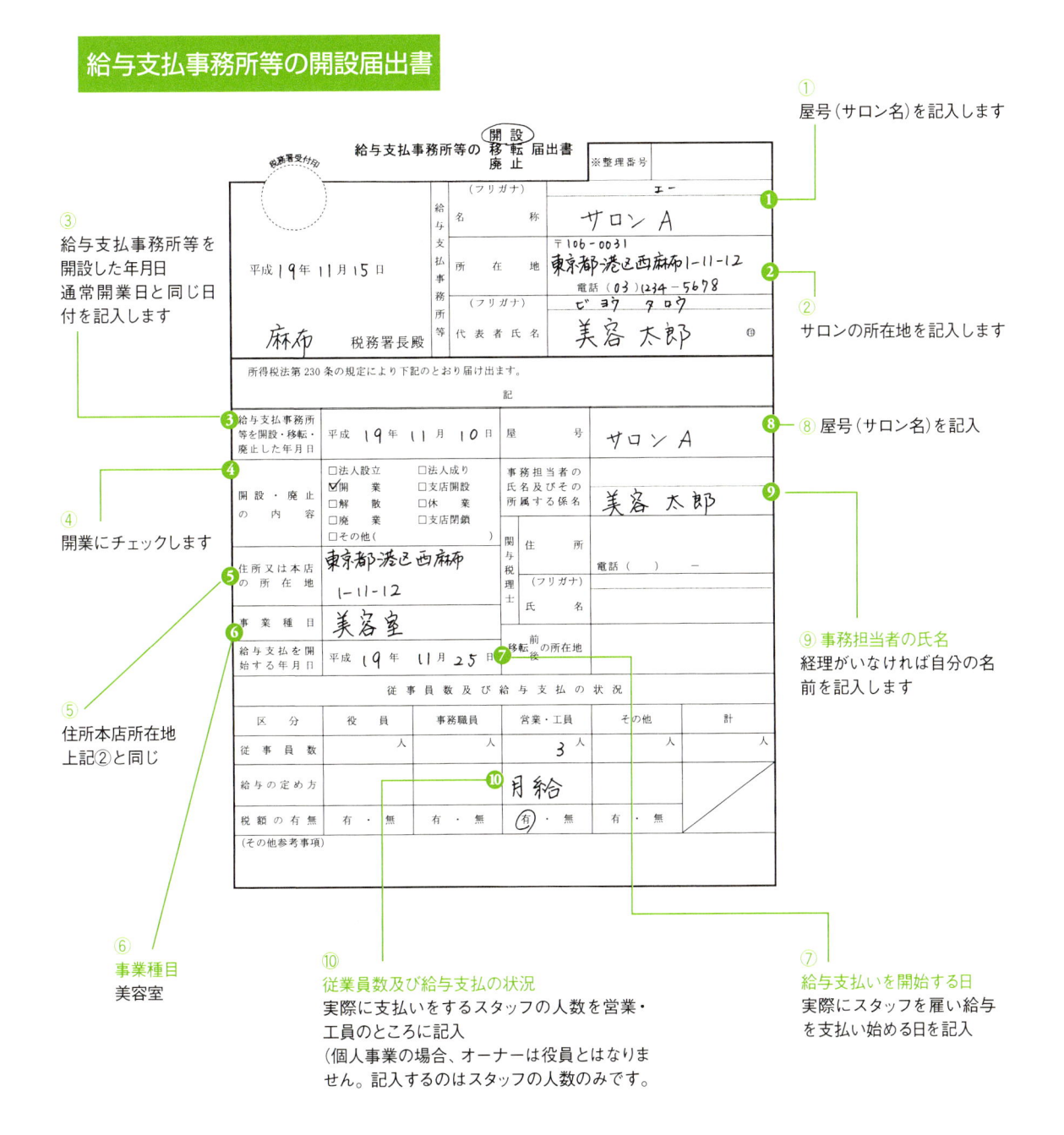

① 屋号（サロン名）を記入します

② サロンの所在地を記入します

③ 給与支払事務所等を開設した年月日
通常開業日と同じ日付を記入します

④ 開業にチェックします

⑤ 住所本店所在地
上記②と同じ

⑥ 事業種目
美容室

⑦ 給与支払いを開始する日
実際にスタッフを雇い給与を支払い始める日を記入

⑧ 屋号（サロン名）を記入

⑨ 事務担当者の氏名
経理がいなければ自分の名前を記入します

⑩ 従業員数及び給与支払の状況
実際に支払いをするスタッフの人数を営業・工員のところに記入
（個人事業の場合、オーナーは役員とはなりません。記入するのはスタッフの人数のみです。

chapter 6　125

所得税の青色申告承認申請書

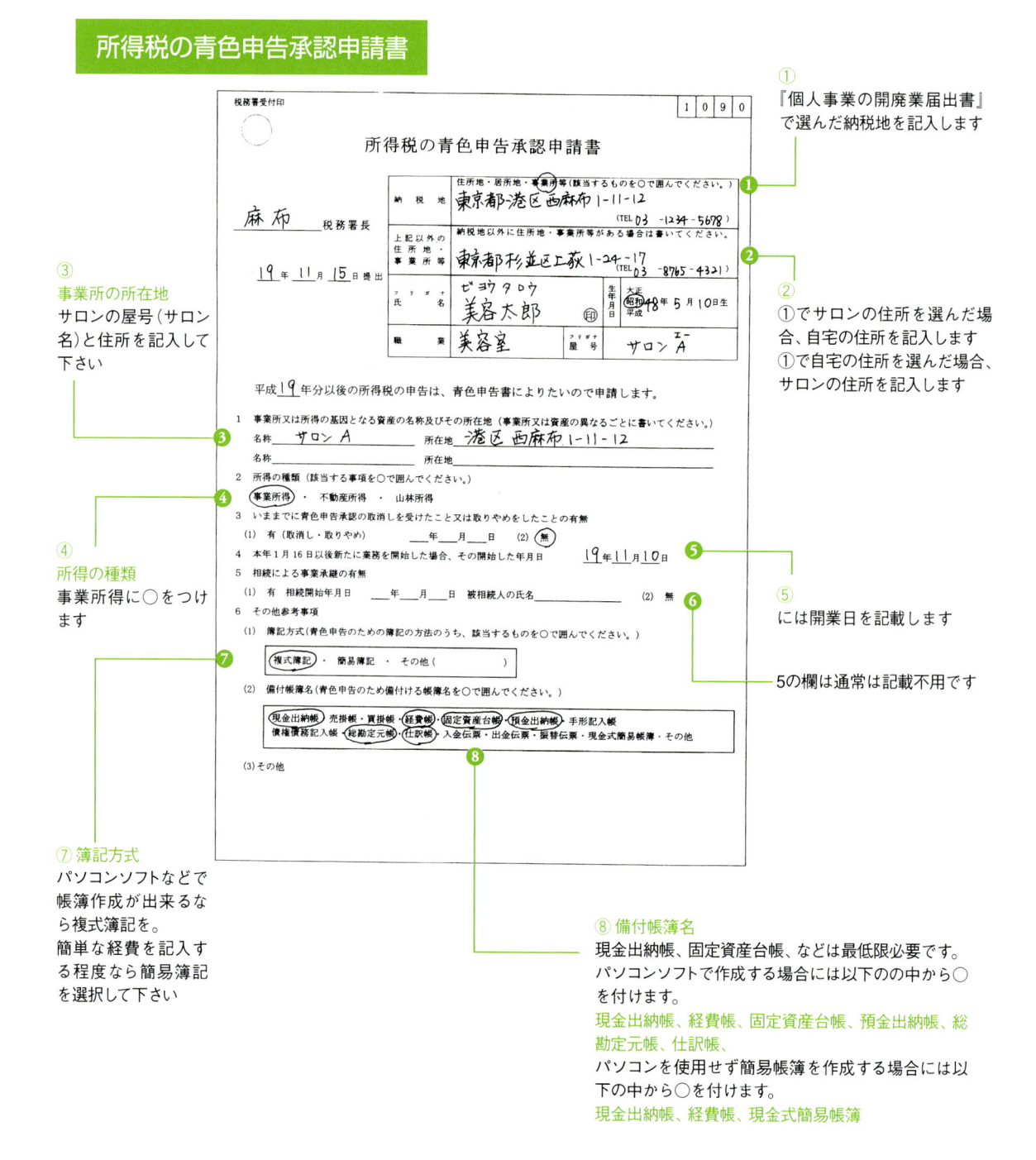

① 『個人事業の開廃業届出書』で選んだ納税地を記入します

② ①でサロンの住所を選んだ場合、自宅の住所を記入します
①で自宅の住所を選んだ場合、サロンの住所を記入します

③ 事業所の所在地
サロンの屋号（サロン名）と住所を記入して下さい

④ 所得の種類
事業所得に〇をつけます

⑤ には開業日を記載します

⑥ 5の欄は通常は記載不用です

⑦ 簿記方式
パソコンソフトなどで帳簿作成が出来るなら複式簿記を。
簡単な経費を記入する程度なら簡易簿記を選択して下さい

⑧ 備付帳簿名
現金出納帳、固定資産台帳、などは最低限必要です。
パソコンソフトで作成する場合には以下ののの中から〇を付けます。
現金出納帳、経費帳、固定資産台帳、預金出納帳、総勘定元帳、仕訳帳、
パソコンを使用せず簡易帳簿を作成する場合には以下の中から〇を付けます。
現金出納帳、経費帳、現金式簡易帳簿

青色申告と白色申告の
メリット、デメリット

　白色申告は所得が年間300万円までなら申告が不要です。帳簿類の整理に関してはとても楽だといえます。しかし、所得が300万以上ある場合や、スタッフを雇用するなら、帳簿の整備は必要です。お金の管理は経営の基本、これを日々しっかりしないと、計画が立たず、長く経営を続けていくことは難しくなります。

　青色申告は、初年度の赤字が2年目以降に繰り越せ、次の年の黒字と相殺が可能です。美容サロンの場合には当初赤字になるサロンが多いので、この制度は使いやすいでしょう。

　青色申告の特典として、最大65万円の青色申告特別控除が使えることと、30万円未満の消耗品の購入を経費にすることが出来る（制限あり）などがあります。

　なお、現在勤務しているサロンとの契約が、業務委託（毎年、白色申告をしている）の場合、独立を予定している年の3月31日までに、青色申告に変更することをおすすめします。この変更をしないと、独立初年度が白色申告になってしまい、青色申告の恩恵を受けることができなくなってしまいます。

帳簿ってどんなものを
用意すればよいの？

　美容サロンでは、毎日の現金の売上と、経費を管理する帳簿は絶対に必要です。現金出納帳、売上帳、経費帳を日々の管理のために用意しておくとよいでしょう。これらの帳簿は文房具屋さんでも入手は可能です。会計ソフトは市販されており、パソコンで管理ができるので便利です。

現金出納帳…現金の入出金を管理する帳簿です。
売上帳…売上は店販売上と技術売上を日ごとに人ごとに記録することが重要です。
経費帳…経費の項目を分けて記録します。事務用品、家賃、水道光熱費、消耗品費、サービス費、広告費、雑費などに分類します。

税理士との顧問契約は
必要か

　開業時は1円でも節約したいもの。事業を行っていると、「時間を掛ければ自分で出来るもの」「時間を掛けても自分で出来ないもの」の2つがあることに気付きます。

　個人事業の白色申告は「時間をかければ自分で出来るもの」に該当します。青色申告も、最初に税務署などで記載方法や書類の管理方法を教われば、確定申告の無料相談会などを利用して自分で作成することは可能です。

　しかし、これからの美容室は小さくても会社としての責任を問われる時代です。スタッフを雇い、次の店舗展開を考えているようでしたら、早くから税理士に売り上げや経費の管理をしてもらったほうがよいでしょう。

白色申告…日々の領収書の管理などを、税務署や青色申告会、法人会などで指導を受ける。申告時期に税務署で相談する。年末調整など一部だけ税理士に依頼する。
青色申告…白色申告と同様に行うか、または税理士と顧問契約をし依頼する。
法人…会社設立段階から税理士に相談して顧問契約をする。
節税の指導を受けたい…税理士に相談する。

会社（株式会社）設立手続き

```
登記所(法務局)で会社設立に必要な用紙を入手する
          ↓
会社のアウトラインを決める（発起人決定書）
社名、本店所在地、事業年度、事業内容、
資本金、取締役を決定する
          ↓
会社名を決め会社印を発注する
          ↓
定款※を作成する
          ↓
取締役になる人の印鑑証明を取得する
（自分1人だけでもよい）
          ↓
定款の認証を受ける
本店所在地と同一の都道府県内にある公証人役場
          ↓
出資を実行する（金融機関に資金を振り込む）
代表者個人の預金預け入れ先に振り込む
          ↓
登記申請に必要な書類を作成
設立登記申請書、登録免許税納付用台帳、取締役個
人の印鑑証明、印鑑届出書、OCR用紙
          ↓
登記を申請する（法務局）
書類に訂正箇所があれば補正する
          ↓
会社設立完了
```

設立完了するまで、10日から2週間かかります。

法人事業を選ぶなら、会社を設立する必要があります。個人事業に比べて手続きは煩雑ですので、できれば専門家（税理士、行政書士、会社設立コンサルタントなど）に相談して手続きをすることをおすすめします。法人の場合、顧問税理士と契約をして、売り上げや経費の管理をお願いする必要があります。法人にするいちばんのメリットは、会社の信用を上げ事業としての展開を有利にするため。そのためには、自分の知識の足りない部分をプロに補ってもらうように、ブレーンを選んでアドバイスを受けましょう。

※ 定款とは、会社の憲法とも呼ばれ、会社を経営していく上で、基盤となるもの。株式会社は発起人が必ず定款を作成し、署名・捺印をしなくてはなりません。定款の内容次第で、今後の会社経営の活動範囲が制限されることもありますので、専門家に相談することをおすすめします。定款の専門家は行政書士。税理士から紹介を受けることもできます。

会社設立にかかる費用

・定款認証
　　収入印紙　4万円
　　定款認証手数料　5万円
　　謄本手数料　1枚につき250円
・登記申請
　　登録免許税　出資金の1000分の7
　　ただし、その額が15万円に
　　満たない場合15万円
・会社印
　　1万円くらいから
　　印鑑はピンからキリまであります。

開業月と消費税納税の関係

原田賢司（MINX）

　個人事業主と資本金1,000万円未満の法人は、開業から2年間、消費税の納付が免除になります（年商が税込み1,000万円以下の場合はもともと納付義務がありません）。消費税は事業の2期前の実績で査定されます。じつは、開業する月によって、実質的な免税の期間が変わるのです。

　個人事業主の場合、12月に確定申告があります。例えば2007年7月に開業したとすると、6か月後に最初の確定申告を迎えます。6か月分の売り上げの総額が1,000万円以下なら、この年は免税となり、翌年の2008年1年間の売り上げで査定されます。2008年で売り上げの総額が1,000万円を超えたら課税事業者となり（09年も同様に1,000万円を超えることが前提です）、2010年から消費税を納めます。個人事業主の場合、年明けのオープンよりも、年の後半に開業したほうが、免税期間が長くなると言えます。

　法人の場合、決算月を自由に決めることができます。例えば開業が2007月12月、2008年3月に店をオープンし、その年の6月に決算月を設定した場合。6か月間で1期目が終わり、2009年7月から課税事業者となります。もし、決算月を11月に設定すれば、課税対象となるのは2009年12月からです。免税期間は5か月変わります。

　このしくみを利用することもできます。法人の決算月を先ほどの例で、オープン前の2月に設定したとき。店のオープンのために使った経費があるだけで、会社としての利益はなく、1期目は赤字決算。2期目に1,000万円の売り上げを計上し、ここで課税事業者となります。実際に課税対象となるのは4期目から。

　さて、課税事業者に認定されるとき、選択すべきことがあります。年商が5,000万円未満でしたら、消費税の計算方法が簡易課税か本則課税が選べます。美容室の場合、簡易課税の選択も可能です。これはわざわざ事業者が申請しないと、自動的に本則課税になってしまいます。ご注意ください。

本則課税

消費税納税額 ＝ お客様から預かった消費税 － 美容商材など営業に必要な経費として支払った消費税

簡易課税

消費税納税額 ＝ お客様から預かった消費税 － 仕入れ控除額50％

近藤繁一（HYSTERIA）

独立には"勢い"と"覚悟"が必要です。
後悔しないために…

　独立に大切なことは"勢い"と"覚悟"です。独立は、未知の世界に飛び込むわけですから、まず勢いをつけなければなりません。後々、「あのとき独立しておけばよかった」という後悔をしないためにも、タイミングが来たと感じたら、勢いをつけて行動するしかありません。

　しかし、それと同時に、「独立しなければ良かった」と後悔しないためにも、冷静に自分を見つめておきましょう。おカネの問題、人の問題、いろいろな問題が必ず起きます。そういった厳しい状況になっても耐えうるだけの覚悟が必要です。もしその覚悟ができないのであれば、独立をしない、という判断も大切です。

　独立した当初の僕は、勢いだけで頑張りました。月々のスタッフの給料、材料費、家賃…。何とか支払っていました。ですから「やれるじゃん！」なんて思ってましたよ。ところが、来ましたよ、税金が。事業税、消費税、都民税、区民税…。返済するお金も利益としてみなされるわけですから、参りました。借入金の返済は6か月据え置きでスタートしたのと、売り上げが伸びて行ったので何とかなりましたが、とにかく、税金の恐ろしさを実感しました。以降、納税準備預金を始めて、現在も続けています。「お金をもらう人」から「お金を払う人」に、独立すると立場が正反対になるわけです。いい意味でお金にシビアにならざるを得ませんね。

　独立に重要なことをさらに付け加えると、健康と自分のタイプでしょうね。

　健康じゃなくなると、心がヤワになり、頑張らなければならない局面で力が出せなくなります。

　自分が独立向きのタイプかどうか、よく検討しましょう。決断力がない、あるいは意志が弱い、と自分で感じている人は、後々、独立したことを後悔する可能性があります。それと、計算高いタイプ、緻密なタイプも、独立には向いてない気がします。むしろ、参謀役が向いています。

　僕は技術者タイプですから、いまだに経営者としては未熟です。お蔭様で忙しいけれど、儲かっている実感はありません。これからも自分を信じて、覚悟を持って突き進むしかないですね。

Chapter 7

スタッフの雇用

絶対確実に集客できる方法はあるか？
............144

スタッフを雇用するには、
必ず決めておかなくては
いけない労働条件があります。
スタッフに気持ちよく、
意欲的に働いてもらうために
労働条件の整備は欠かせません。
労働条件の知識と、スタッフへの
通知のしかたについて解説します。

chapter 7

スタッフの労働条件について

スタッフ雇用時におさえておきたい労働条件
『労働条件通知書』の書き方

ここでは、スタッフを雇用する場合に、経営者としておさえておきたい労働条件について解説します。特に、労働時間や有給休暇、賃金など労働基準法により規定されるルールにはどんな内容のものがあるのかをまとめてあります。

文/斉藤賢一（城南労務管理事務所）

労働条件通知書（雇入通知書）の作成例

(A)『労働条件通知書』に必ず記載しなければならない事項
（絶対的明示事項）
① 労働契約の期間に関する事項
② 就業場所、従事すべき業務に関する事項
③ 始業・終業の時刻、所定労働時間を超える労働の有無、休憩時間、休日、休暇、就業時転換に関する事項
④ 賃金の決定・計算・支払いの方法、賃金の締め切り・支払いの時期、昇給に関する事項
⑤ 退職に関する事項

(B) 決まっているのならば『労働条件通知書』に記載しなければならない事項
（相対的明示事項）
① 退職手当に関する事項（適用対象労働者、決定・計算・支払いの方法、支払いの時期）
② 臨時に支払われる賃金、賞与、最低賃金に関する事項
③ 労働者に負担させるべき食費・作業用品その他に関する事項
④ 安全・衛生に関する事項
⑤ 職業訓練に関する事項
⑥ 災害補償、私傷病扶助に関する事項
⑦ 表彰、制裁に関する事項
⑧ 休職に関する事項

※なお、「絶対的明示事項」のうち、昇給に関する事項を除くすべての事項については、必ず書面で明示することが義務づけられています。

1 スタッフを雇用する際に作成する『労働条件通知書』（雇入通知書）の記載内容

スタッフを雇用する際には、給料、労働時間、休日などといった労働条件を明示しなければなりません。そして労働条件を記載した『労働条件通知書』（『雇入通知書』とも呼ばれます）を渡さなければなりません。ここでは、厚生労働省が示しているモデル通知書の記載内容に沿って解説していきます。

『労働条件通知書』に記載するものは"労働条件の明示事項"と呼ばれています。

そのうち、労働時間や休日、賃金などの必ず記載しなければならない事項（絶対的明示事項）と、教育・研修や休職など、社内規定で決まっているならば明らかにしなければならない事項（相対的明示事項）があります。『労働条件通知書』の目的は、トラブル回避と労働者の保護があります。そのため、賃金の額、賃金の締め日・支払日、労働時間、休日（休暇）など内容を文書でハッキリさせているのです。

2 『労働条件通知書』作成の注意点

美容業の場合には、スタッフ個々のレベルアップを日常的に進めるために、多くの場合、営業時間外に練習が行われています。この時間を労働時間とみなすと、多額の時間外割増賃金（残業代）が発生します。

経営者としては、営業時間外の練習は仕事ではなく、個人の練習時間であることをハッキリさせておきたいものです。そのためにも、練習時間が、働いている時間なのか、本人のための練習の時間なのか、あやふやになってはいけません。営業時間外の練習は、個人の練習である旨を『労働条件通知書』に明記することが必要となります。

ただし、参加しなければ減給になるような参加が義務付けられた状況では、仕事と判断されます。最終的には、この練習の成果は昇給・昇格や賞与などに結びつくことになることを説明しておきましょう。

3　スタッフの労働時間が週40時間を超える際の対応策について

労働時間の原則は「週40時間・1日8時間」です。ただし、常時10人未満のスタッフを使用するサロンは「週44時間・1日8時間」です。

ここでのポイントは、スタッフの労働時間とサロンの営業時間はまったく別なものであるということです。1週間にサロンを2日休まなければいけないと考える必要はまったくありません。

例えば、毎週火曜日＆第1・3月曜定休日、遅番・早番があり、毎月シフト表をつくり、出勤日と勤務時間を決めている…。このようなサロンの場合は、「1か月単位の変形労働時間制」を採用していると見なされ、スタッフと協定を結ぶか、『就業規則』に規定し所轄の労働基準監督署に届け出れば、労働時間の原則をおおむねクリアできます。

この「変形労働時間制」のメリットは、週末は来店客が多いから10時間働いてもらう、反対に水曜日は来店客が少ないので5時間だけ働いてもらう…というように、1日の所定労働時間（勤務時間）を変えることができるということです。そうすることで、週単位の労働時間を44時間または40時間以内におさえることができます。

4　変形労働時間制の場合の残業手当の扱い

1日8時間を超えた分の残業手当については、原則、平日の残業に対し25％、休日の出勤では35％、午後10時以降の深夜には50％の割増賃金を支払わなければなりません。

しかし、前項で解説したように、1か月単位の変形労働時間制を採用することにより、支払わなければならない残業代を抑えることが可能です。

例えば、着付けのお客様が朝6時から入り、夜も通常通り7時まで勤務した。この場合、1日の労働時間がトータルで10時間になります。そのオーバーした2時間について、1か月単位の変形労働時間制をとった場合、その日の勤務時

継続勤務年数と有給休暇の付与日数

継続勤務年数	0.5年	1.5年	2.5年	3.5年	4.5年	5.5年	6.5年以上
付与日数	10日	11日	12日	14日	16日	18日	20日

※直前1年間（入社後最初は6か月）の出勤率が8割に満たない者は除く

間を朝6時から夜7時までとシフト表で決めておくことで、残業代の支払いは不要となります。

しかし、1か月単位の変形労働時間制をとった場合でも、法定休日に支払うべき休日労働割増賃金と深夜労働割増賃金は、支払わなければいけません。実務的に考えれば、毎週火曜日などの定休日には必ず店を休む。午後10時以降は、年末を除き営業しない…とすれば、この2つの割増賃金は発生しません。

ちなみに、法定休日を規定するならば、『就業規則』や『労働条件通知書』に、「法定休日は毎週火曜日とする」または「4週4日とする」旨を決めておく必要があります。

5　スタッフの有給休暇

年次有給休暇は、法律で決められたことですから、ある程度のコストと割り切り、仕事に支障のない範囲で与える必要があります。また、若い人たちの権利意識も最近はしっかりしてきています。その中で、スタッフのやる気をなくしては元も子もありません。他業種と比較して遜色ない程度に与える、経営者としての腹積もりが必要と考えます。

なお、法律で定められている年次有給休暇の日数は、上の表の通りです。

6　賃金の内訳

経営者として、自分の店のスタッフをどのように育てていきたいか、どのように働いてもらいたいのか、それが賃金の決め方に表れてくると思います。重要なことは、スタッフのやる気を引き出す賃金の内容です。

では、賃金の内容には、どのようなものがあるのでしょうか。

一般的には、基本給・歩合給・指名手当・技術手当・店販手当・店長（管理職）手当・家族手当・通勤手当・精勤手当などの組み合わせが多いようです。もちろんすべてを採用するわけではな

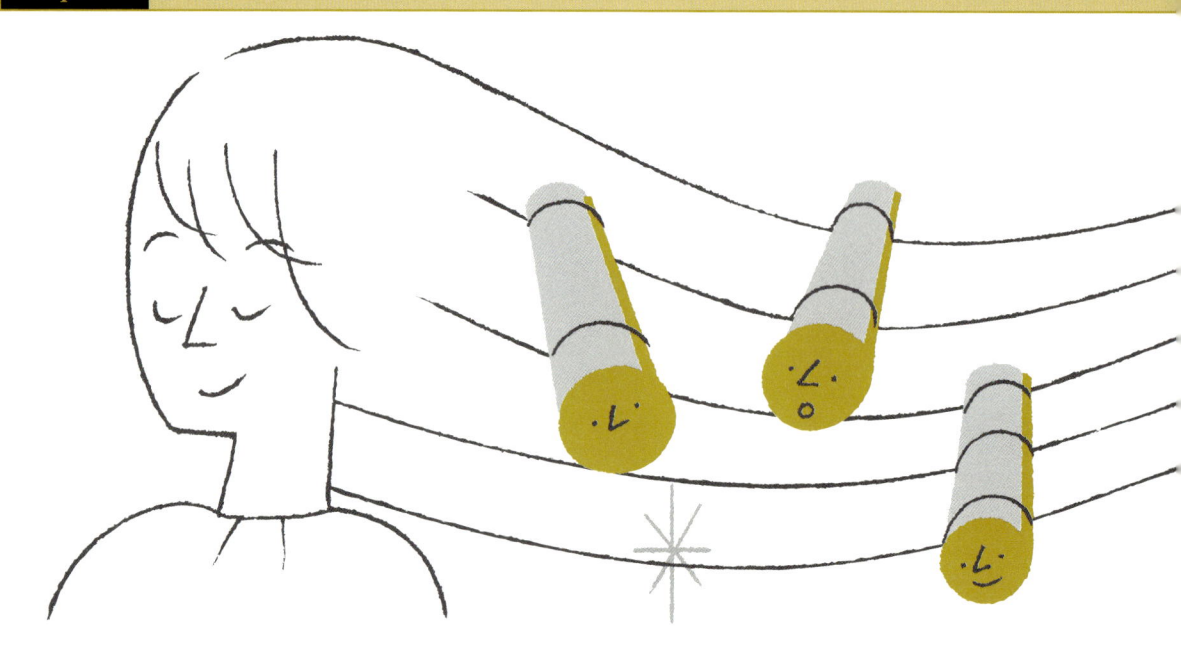

く、経営者の考えにより組み合わせも変わりますし、独自の手当も見受けられます。

なお、賃金の計算の単位や支払い形態については、以下のように分けることができます。
●時給制／1時間について金額を決め、働いた時間に応じて賃金を決める方法。「時給1,000円」などアルバイトなどに多く見られます。
●日給制／1日について金額を決め、働いた日数に応じて賃金を決める方法。実際に日給制を採用している例は少ないようです。
●完全月給制／1か月について金額を決める方法。ただし、「完全」な月給制では、欠勤や遅刻などがあっても、賃金を差し引くことなく全額支払うことになります。
●日給・月給制／月給制ではあっても、欠勤や遅刻などの働いていない時間分の賃金を差し引く方法。美容室の場合、フルタイムの正社員スタッフには、最も多く採用されていると考えられます。ただし、時間外・休日・深夜の割増賃金は支払わなければなりません。また、『就業規則』や『労働条件通知書』に、上記の事柄を決めておかなければいけません。

7 パート採用時の注意

フルタイム・スタッフは、給料のほかに社会保険料・賞与・退職金の積立・交通費などの"隠された費用"が発生します。

経費面からみたパートタイム・スタッフ採用の目的は、"隠された費用"を最小限に抑えて総人件費の削減をはかることです。以下の項目を検討して、パートタイム・スタッフと合意できれば、『労働条件通知書』に明記しておきましょう。
・賃金／一般的には時給で、賞与はない
・雇入れ期間／1年未満は雇用保険加入義務がありません
・交通費／なるべく近くに住んでいる人を採用しましょう

パートを雇用する場合には、サロンの特徴と状況に合わせて、どこまでの仕事を望むかを決めておく必要があります。『労働条件通知書』の「従事すべき業務に関する事項」の中に、仕事内容を書き入れ、サロン側およびパート両者の業務内容の合意を文書にすることが必要です。

なお、最近の賃金面の傾向として、時給は比較的抑え目にして、指名手当てなどをフルタイム・スタッフ並に厚くし、パートタイム・スタッフのやる気につなげる賃金体系を採用するサロンも見受けられるようです。

8 労働条件通知書（雇入通知書）の扱い

『労働条件通知書（雇入通知書）』は、賃金や、その締日や支払日、従事する時間や業務の内容をスタッフと約束するものです。トラブル防止のためにも重要です。したがって、スタッフ1名につき2通作成し、1通はスタッフに手渡し、1通はスタッフからサインをもらい、保存することが望ましいといえます。上記の書類の保存期間は、3年間となります。

9 就業規則

『就業規則』は、職場における働き方のルールを書面でまとめたものです。『労働条件通知書』には書ききれない、より具体的な労働条件が決められたものと考えて良いでしょう。

本に載っているもの、あるいは知り合いのサロンのものを、参考にするのは大いに結構ですが、そのまま流用するのではなく、自分の考え方に合わせて作成しましょう。開業後、サロンの実態に合わせて変更することも可能です。

なお、従業員が10名以上の場合は、管轄の労働基準監督署に届け出る必要があります。その際は、従業員同士の話し合いや選挙で決めた「労働者代表」の意見書を添えて提出します。従業員全員に内容を知らせる必要があります。

10 労働条件の変更

基本給や歩合給率を下げるなど従業員に不利益なことも、両者が合意すれば変更は可能。しかし、一方的な場合、変更が認められない可能性が。新しい雇用契約を結ぶ気持ちで、書面を作成し、1人ひとりと署名を交わしましょう。

社会保険のしくみ

chapter 7

社会保険制度の目的は、病気、老齢、失業、障害または死亡などで、本人あるいは扶養家族が金銭的に困ることを防ぐためのものです。健康保険や国民年金（または厚生年金保険）には、国民としての加入義務があります。また、従業員を雇用した場合には、必ず労働保険に加入しなければなりません。

監修／斉藤賢一（城南労務管理事務所）

社会保険の分類と保険料（率）一覧

保険分類		保険名	算出方法	保険料率（月額）	
労働保険		労災保険	賃金総額×保険料率	3／1000	
		雇用保険		13.5／1000	
社会保険	健康保険（※1）	A 全日本理美容健康保険	標準報酬月額×保険料率	一般 98.4／1000 介護 113.4／1000	
		B 協会けんぽ（※2）	標準報酬月額×保険料率	都道府県で異なる ex）東京 99.7／1000	
		C （市町村管掌）国民健康保険	前年度所得×保険料率	市区町村によって異なる	
		D 東京美容国保（※3） 大阪整容国保（※4）	定額	東京 事業主16,500円、家族8,000円 従業員11,000円 大阪 店主13,500円、家族6,500円 従業員10,500円	
	公的年金保険	国民年金	定額	月額14,980円 (2008年4月〜2009年3月まで)	
		厚生年金保険	標準報酬月額×保険料率	16.766／1000 (2008年9月〜2009年8月まで)	
	児童手当拠出金		標準報酬月額×保険料率	1.5／1000	
介護保険		介護保険（40歳〜64歳）	（健康保険A・B）標準報酬月額×保険料率	A 15／1000 B 15.5／1000	
			（健康保険C・D）定額	C 市町村で異なる 東京2,700円 大阪2,300円	

※1／75才以上の方（ご両親などを扶養する場合）、別途、市区町村に長寿医療制度の加入手続きをします。
※2／全国健康保険協会菅掌健康保険
※3／東京美容国民健康保険組合
※4／大阪整容国民健康保険組合　★数字はすべて平成24年（2012年）10月時点のもの

負担割合	保険者（運営主体）	被保険者（加入者）	支払い	問合先および手続先
全額会社負担	政府（厚生労働省）	すべての従業員	会社（事業所）単位	労働基準監督署
会社8.5／1000 従業員5／1000				ハローワーク
会社と従業員で折半	全日本理容美容健康保険組合	理美容業の法人組織の従業員	会社単位	全日本理容美容健康保険組合
会社と従業員で折半	全国健康保険協会	法人サロンの役員と従業員	会社単位	各都道府県の健康保険協会
自己負担	各区市町村	個人事業のオーナーと従業員	個人単位	各市町村役場
会社と従業員で折半、あるいは自己負担	各国民健康保険組合	個人事業のオーナーと従業員	個人単位あるいはサロンを通じて	各国民健康保険組合
自己負担	政府（厚生労働省）	個人事業のオーナーと従業員	個人単位	加入手続／市町村役場、支払（納付）／社会保険事務所
会社と従業員で折半		法人サロンの役員と従業員	会社単位	社会保険事務所
全額会社負担	政府（厚生労働省）	厚生年金保険加入者	会社単位	社会保険事務所
会社と従業員で折半	各市町村	40歳〜64歳のすべての勤労者	加入の健康保険・国民健康保険によって異なる	加入の健康保険・国民健康保険
自己負担、あるいは会社と従業員で折半				

chapter 7　139

chapter 7

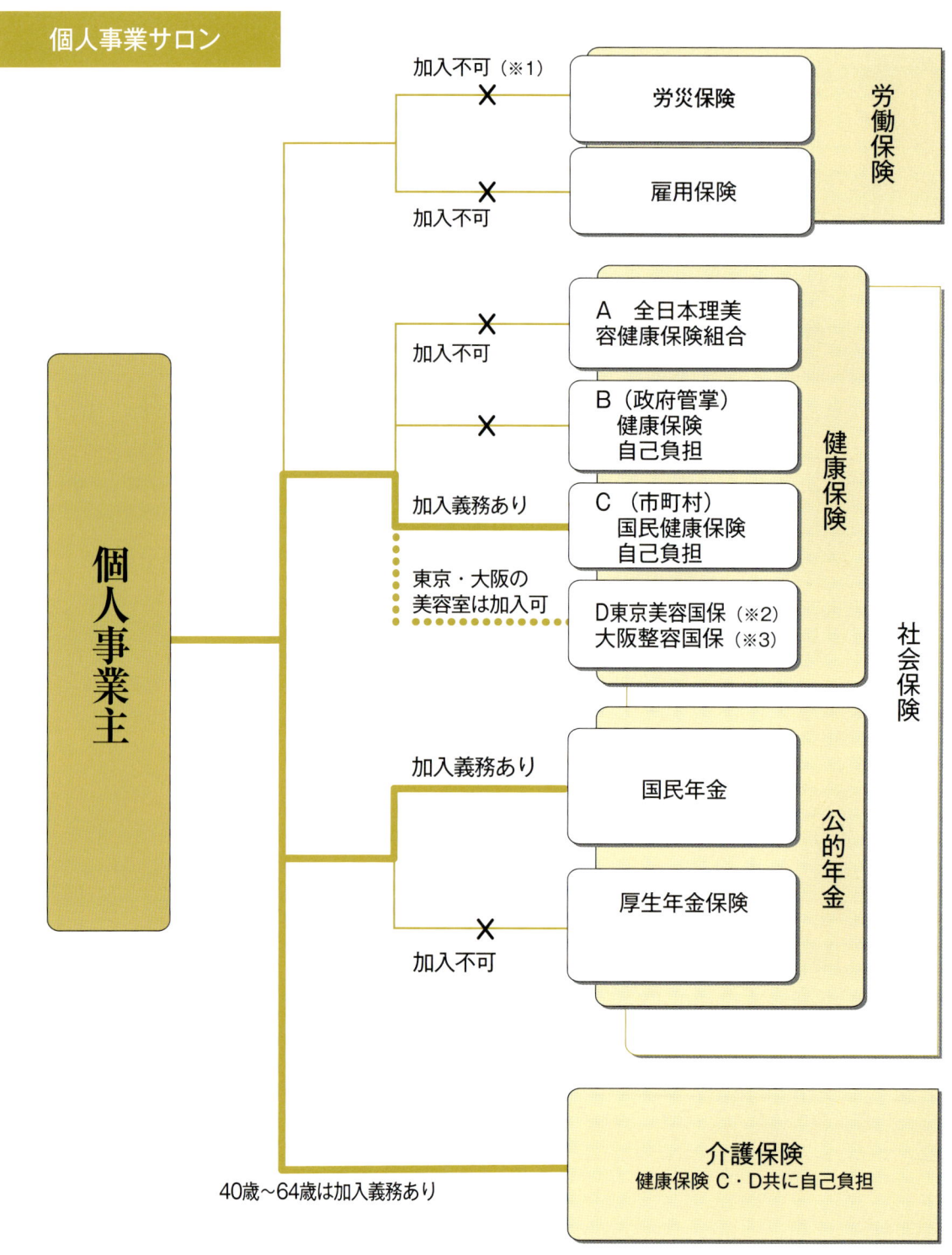

個人事業サロン

```
個人事業主
├── 加入不可（※1） ✕ 労災保険 ┐
│                              ├ 労働保険
├── 加入不可 ✕ 雇用保険       ┘
│
├── 加入不可 ✕ A 全日本理美容健康保険組合 ┐
├── ✕ B（政府管掌）健康保険 自己負担      │
├── 加入義務あり C （市町村）国民健康保険 自己負担 ├ 健康保険 ─┐
│     ┊ 東京・大阪の美容室は加入可                │            │
│     D 東京美容国保（※2）大阪整容国保（※3）     ┘            ├ 社会保険
│                                                              │
├── 加入義務あり 国民年金 ┐                                   │
├── ✕ 加入不可 厚生年金保険 ┴ 公的年金 ──────────────┘
│
└── 40歳〜64歳は加入義務あり 介護保険
                             健康保険 C・D 共に自己負担
```

★個人事業主の場合は、保険料はすべて自己負担
※注1／原則、加入不可だが特別加入制度がある3,500円〜20,000円の範囲で日額を決め、それに対して1000分の3の保険料率で労災保険に加入できる
※注2／東京美容国民健康保険組合　※注3／大阪整容国民健康保険組合

chapter 7

個人事業所の従業員

- **強制加入** → 労災保険（全額会社負担） ┐
- **2つセットで加入** ├ **労働保険**
- **強制加入** → 雇用保険（会社9／1000、従業員6／1000） ┘

右のB～Dのいずれかに加入義務あり

- A　全日本理美容健康保険組合　×
- B（政府管掌）健康保険（会社と従業員の折半）
- C（市町村）国民健康保険（自己負担）
- D　東京美容国保（※1）　大阪整容国保（※2）（自己負担、あるいは会社と従業員の折半）

　※東京・大阪の美容室は加入可

（健康保険／社会保険）

公的年金
- **加入義務あり** → 国民年金（自己負担）
- **任意加入** → 厚生年金保険（会社と従業員の折半）

※厚生年金に加入の場合は、国民年金に加入する必要はない

厚生年金に加入すると納付 → 児童手当拠出金（全額会社負担）

40歳～64歳は加入義務あり → 介護保険
- 健康保険 B　会社と従業員の折半
- 健康保険 C　自己負担
- 健康保険 D　自己負担、あるいは会社と従業員の折半

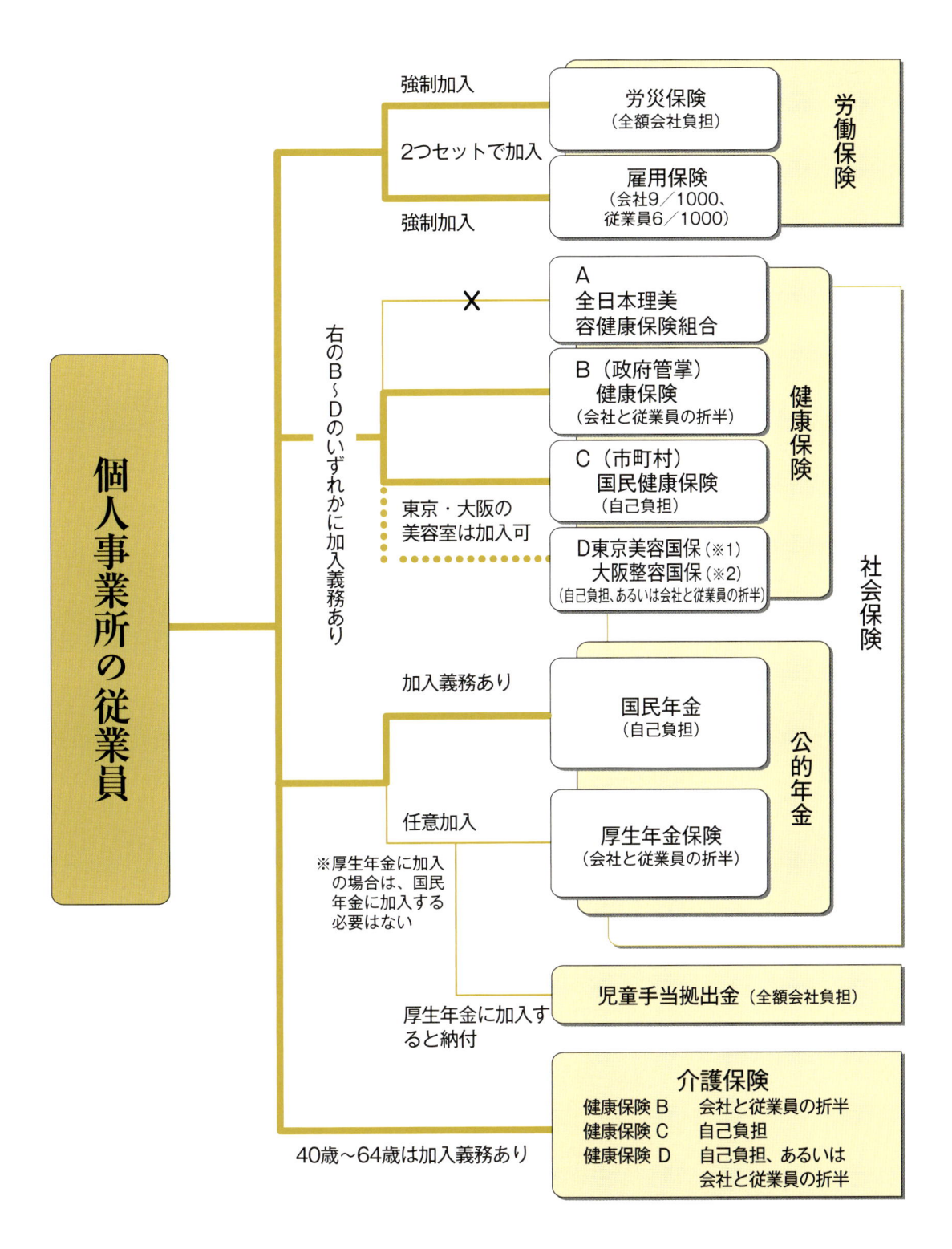

※注1／東京美容国民健康保険組合
※注2／大阪整容国民健康保険組合

chapter 7　　141

法人サロン

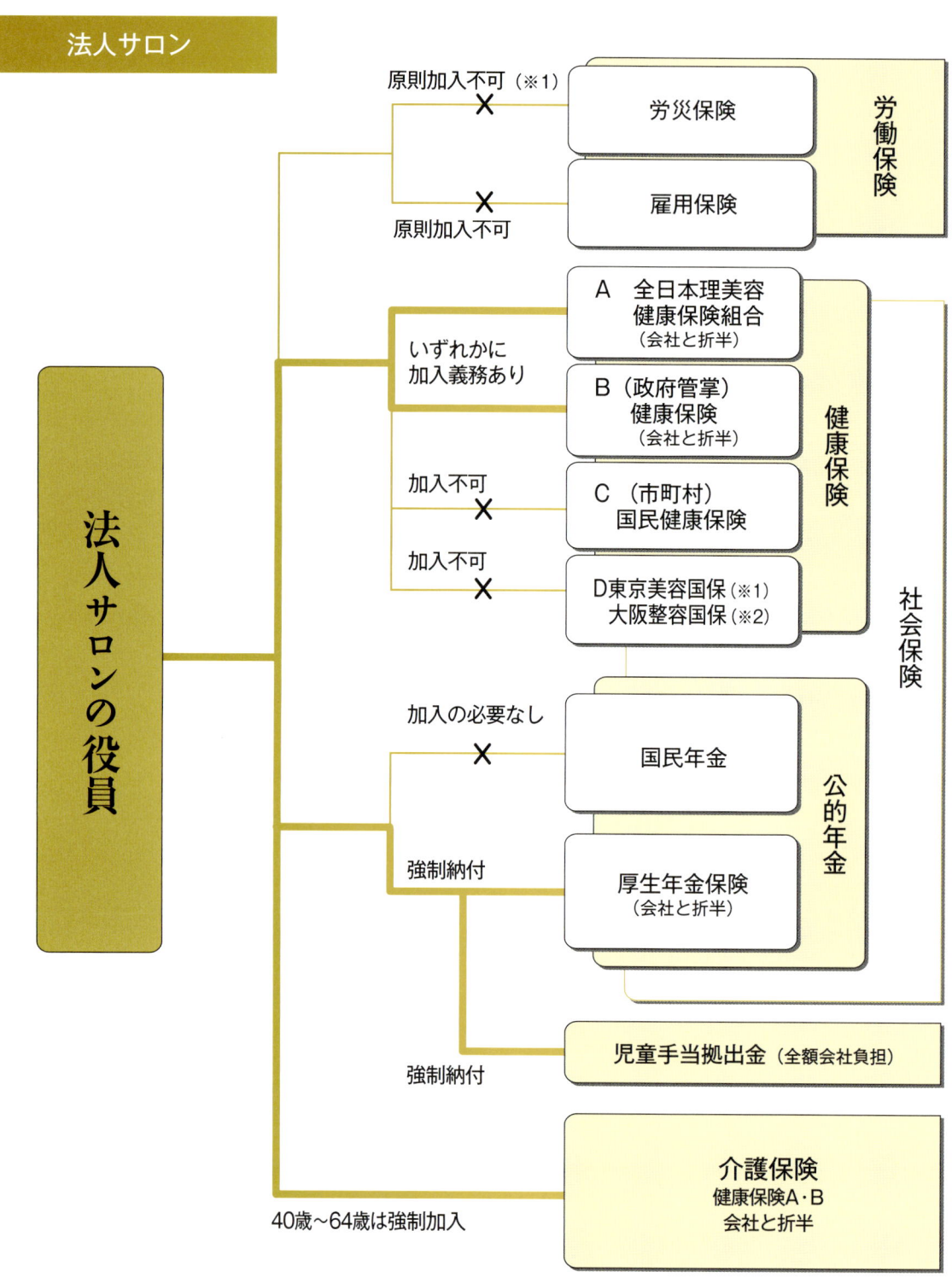

```
法人サロンの役員
├─ 労働保険
│   ├─ 労災保険 ── 原則加入不可（※1） ✕
│   └─ 雇用保険 ── 原則加入不可 ✕
│
├─ 社会保険
│   ├─ 健康保険 ── いずれかに加入義務あり
│   │   ├─ A　全日本理美容健康保険組合（会社と折半）
│   │   ├─ B（政府管掌）健康保険（会社と折半）
│   │   ├─ C（市町村）国民健康保険 ── 加入不可 ✕
│   │   └─ D 東京美容国保（※1）／大阪整容国保（※2）── 加入不可 ✕
│   │
│   └─ 公的年金
│       ├─ 国民年金 ── 加入の必要なし ✕
│       └─ 厚生年金保険（会社と折半）── 強制納付
│
├─ 児童手当拠出金（全額会社負担）── 強制納付
│
└─ 介護保険　健康保険A・B　会社と折半 ── 40歳～64歳は強制加入
```

※注1／原則、加入不可だが特別加入制度がある3,500円～20,000円の範囲で日額を決め、それに対して1000分の3の保険料率で労災保険に加入できる
※注2／東京美容国民健康保険組合
※注3／大阪整容国民健康保険組合

chapter 7

```
                                         強制加入
                                    ┌──────────── 労災保険
                                    │             （全額会社負担）         労
                              2つセットで加入                              働
                                    │             雇用保険                保
                                    └──────────── （会社9／1000、          険
                                         強制加入   従業員6／1000）

                                    ┌──────────── A　全日本理美容
                                    │             健康保険組合
                                    │             （会社と従業員の折半）
                              いずれかに
                              加入義務あり        B（政府管掌）
                                    │             健康保険                健
                                    └──────────── （会社と従業員の折半）   康
                                                                          保
                                         加入不可                         険     社
                                    ────×───── C　（市町村）                    会
                                                  国民健康保険                   保
                                                                                 険
                                         加入不可
    法                              ────×───── D 東京美容国保（※1）
    人                                            大阪整容国保（※2）
    サ
    ロ                                   加入の必要なし
    ン                              ────×───── 国民年金                  公
    の                                                                    的
    従                                                                    年
    業                                   強制加入                         金
    員                              ──────────── 厚生年金保険
                                                  （会社と従業員の折半）

                                         強制納付
                                    ──────────── 児童手当拠出金（全額会社負担）

                              40歳～64歳は強制加入
                                    ──────────── 介護保険
                                                  健康保険A・B
                                                  会社と従業員の折半
```

※注1／東京美容国民健康保険組合
※注2／大阪整容国民健康保険組合

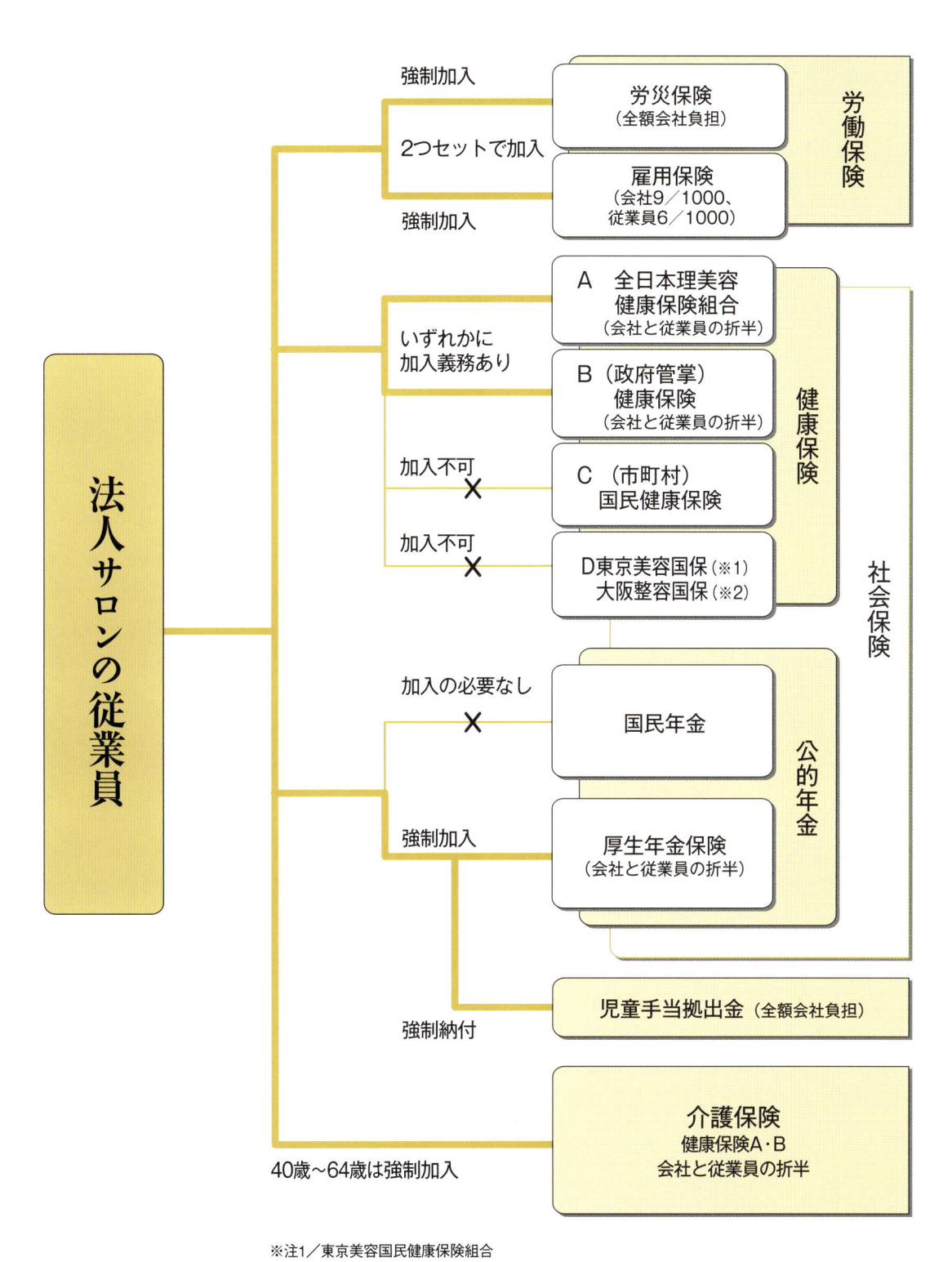

chapter 7

絶対確実に集客できる方法はあるか？

『先着100名様に限り、現金1万円札を7千円でご提供！』
もちろん現実的な話ではありません。実際にこんなことをやったら、すぐに経営が立ち行かなくなります。しかし絶対に集客できる方法ではあるのです。ただし、『絶対』という言葉がいかに非現実的であるかということも同時に教えてくれます。

文/小島壯司（株式会社エスエムティ）

価値主導の視点

「1万円札を7千円で売る」という発想ですが、実はここからいろいろなヒントが得られます。

あなたがサロンを開業するときに、オーソドックスな集客手段として『通常1万円のパーマを30％オフの7千円で！』というチラシをつくったとしたらどうでしょうか。

多くの人が「今どき30％オフ程度では客は動かないよ」と言うはずです。事実、その効果は限定的でしかありません。

1万円の現金を7千円で販売するときとどこが違うのでしょうか。このことをしっかりと把握することが集客効果を上げる基本なのです。

次ページの図をご覧ください。顧客が満足するメカニズムを図式化したものです。天秤ばかりの一方に購入するもの（施術項目）を、もう一方にはお金（メニュー価格）を乗せます。顧客が満足するには、図にあるように自分が支払ったお金より、より多くの価値を得られたと感じさせる必要があるのです。

まさに現金1万円札を7千円で買えるとなれば、この構図は誰もが明確に判断できます。

では、1万円のパーマと現金1万円の違いはなんでしょうか？　現金1万円は誰にとっても1万円の価値があります。これを『絶対価値』と呼びます。それに対して、「1万円のパーマ」は、誰にとっても同じ価値を提供するとは限らない。ある人は気に入ってくれて『1万円なら安い』と感じ、ある人は『このパーマに1万円なんて高すぎる』と感じます。人によって、得られる価値に違いがある。これを『相対価値』と呼びます。つまり現金1万円のケースは「絶対価値を絶対価値で量る」ために、ストレートに「お得感」が伝わるのです。反面、「1万円のパーマ30％オフ」は「相対価値を絶対価値で量る」ために、受け取る人によってバラつきが出てしまいます。

ここでのポイントは、「1万円のパーマ」をいかに絶対価値化するかということです。もしくは、その価値を分かってくれる人こそターゲットであると言い換えてもいいでしょう。

開業にあたっては、後に述べるような様々な集客ツールを検討することになります。しかし、大事なのはツールの選択そのものではなくて、ターゲットを明確にし、価値と価格の天秤ばかり

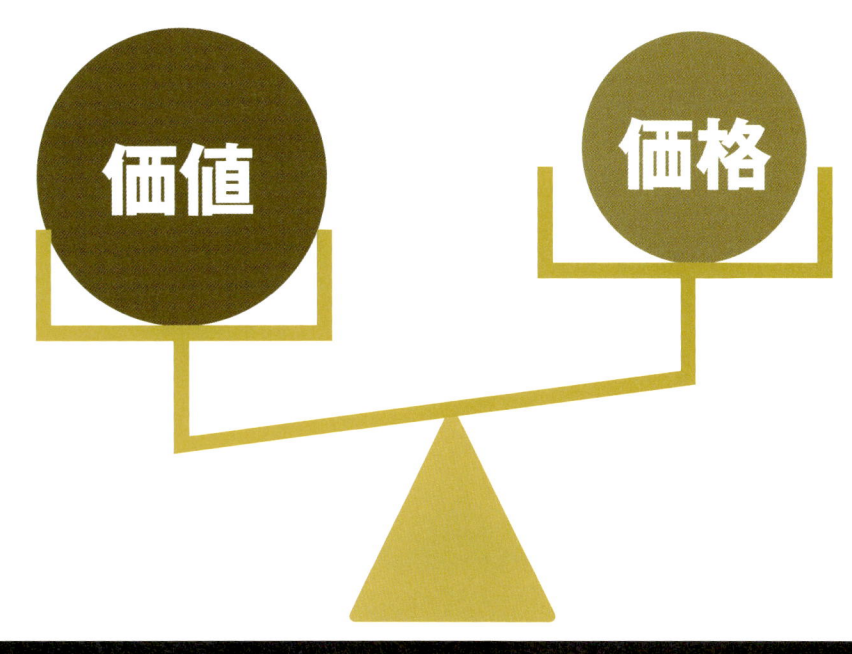

得られる価値＞支払う価格＝顧客満足

を図のように「価値の重さを」を実感できる関係性を構築することなのです。

運命の赤い糸を手繰り寄せる

これからお伝えすることは、サロン開業にあたって、サロンコンセプトやサロンのアピールポイントが明確になっていることを前提としています。ここ(相対価値の絶対価値化)が明確でない場合は、まずはじっくりとコンセプトを煮詰めてから次に進んで下さい。

サロンを開業するとき、「こんなお客様に来店して欲しい」というイメージがあるはずです。いわゆる顧客イメージです。最も自サロンの良さを分かってくれそうな顧客です。

つまり「1万円でも安い」と感じてくれるお客。この顧客がサロンの固定客となり将来にわたってサロンを支えてくれるのです。サロン開業時の集客対策とは、まさに「運命の赤い糸で結ばれた相手に出会う旅」の第一歩なのです。

消費者は何に動かされるか

サロンを開業する。あなたにとっては、1人ひとりが新規客です。しかし、お客様にとってはあなたのサロンが初めてでも、「美容室を利用するのが初めて」という人はほとんどいません。以前は、どこか別のサロンを利用していたはずです。では、そのお客様はなぜあなたのサロンに来ようと思ったのでしょうか？

サロンオープンのチラシが入ったから？

確かに新しいサロンがオープンしたことを知らなければサロンに来ることはなかったでしょう。でもそれだけですか？

パーマが30％オフだから？

3割引の魅力に惹かれたのかもしれません。ならば、次の来店時には正規の値段でも十分に「お買い得感」を与えるだけの価値を提供する

ことが大事。そうでなければ、お客様は元のサロンに逆戻りです。

　来店客の中には「サロン難民」とも呼ぶべき人もいます。自分の気に入ったサロンが見つからないまま、いくつものサロンを渡り歩く人たち。決して珍しい存在ではありません。自分も早くどこかのサロンに落ち着きたい。そんな人の思いを叶えることが出来ますか？

　消費者が新たな購買行動を起こすには動機が必要です。前述の「割引」や「サロン探索」などは購買(来店)動機の典型です。

　潜在的に存在する消費者のニーズに火を点けるのです。これを「マーケティング的刺激」と呼びます。マーケティング的刺激の活動面の主役は宣伝・広告です。もちろん、見えない部分で、コンセプト・技術・価格・サロンイメージなどのコンテンツ(中身)の検討がなされなければなりません。

　それらをターゲットに向けて分かりやすく魅力的に表現する役割が宣伝・広告ということになります。

　「現在の消費者はどの程度集客ツールに反応するか？」という議論がありますが、消費者が反応するのは、ツールにではなく、そこに表現されているコンテンツなのだということを覚えておく必要があります。

　さらに言えば、サロンの事業コンセプトと顧客ニーズが合致していれば、手書きのコピーチラシでも来店の動機づけになるし、それがミスマッチしてしまえば、何百万円のテレビCMを放映しても、大判の両面カラーチラシを何万枚撒いても効果が出ないということです。

集客ツールのいろいろ

　これまで見たようなサロン開業についての基本スタンスに立ち、いよいよ集客ツールの個々について検討します。一般的なメディアとしての特徴を明確にします。最近になって注目されていくツールについても、その使い方のポイントを示しておりますので参考にして下さい。

1. チラシ

　サロン開業時に最も多く使われるツールです。サロンの特長やメニュー、オープン特典など視覚

的に表現できるので使い勝手の良いメディアとして人気があります。

　印刷したチラシは、後に述べる新聞折り込みに使用したり、ポスティングやハンティングにも応用できるので、多めに印刷しておくのがポイントです。

　印刷費はデザインやカラーなどでいろいろですが、一般的に片面カラー印刷の場合、1万枚でA4サイズで5～6万円、B4サイズで10万円程度が目安でしょう。

　チラシ自体に短所と言えるものはありませんが、折り込みにしろポスティングにしろ、あらゆる業種で使用されているため、自サロンのチラシが他社のそれの中に埋没してしまう恐れがあります。それを避けるために大判にしたり、目立つ形にすればコストがかかってしまいます。

2．新聞折り込み

　前項の開業チラシを新聞に折り込むものです。折り込む地域を指定できるので、サロンの設定する商圏に合わせてチラシを配布できるのが最大のメリットです。

　折り込みに要する費用は配達地域によって差がありますが、1枚あたり4～5円程度と考えておけばよいでしょう。

　短所は、前項と同様に他社のチラシに埋没する危険があるということがあります。

　当然ですが、新聞を定期購読しない人には届きません。特に、学生や若い世代には新聞を定期購読しない人が増えています。ターゲットを若い層に置いているサロンには不向きなツールといえるでしょう。

3．テレビスポット

　最も消費者にインパクトのあるメディアといえばテレビCMといってよいでしょう。テレビCMをきっかけに大ヒットとなった商品は少なくありません。企業から直接投げかける印象的な映像と印象的なキャッチによるメッセージが成否を決めます。

　しかし、サロン開業のツールとしては不向きです。最大の理由は料金が高いこと。15秒スポットの場合、地方都市でも視聴率の高いプライムタイム（19:00～23:00）で1本15万円程度、深

chapter 7

夜1時などという夜中でも8万円から10万円程度必要です。

これをオープン前後に何十回もテレビで流したのでは、とてもコストに見合う集客は不可能でしょう。

よっぽど格安なメディア側のキャンペーンでもあれば別ですが、中小のサロンが効果を狙って検討すべきメディアではありません。

4．タウン誌

どこの地方にも無料のタウン誌が発行されています。収益源はタウン誌に情報を掲載する企業からの「掲載料」。基本的な特徴は、消費者に無料で提供するため、直接、消費者まで届くというメリットがあります。

サロンの販促手段としては多用されているメディアです。それだけに美容室の掲載だけで数ページから数十ページに及ぶという、誌面内競合があるということがあります。

しかも誌面での集客手段としてはクーポン（割引券）付きが原則ですから、読者の多くはチェリーピッカー（特売などの廉売のみに興味を示す客）である可能性が高い。良い仕事を大事に提供したいと考えているサロンにとっては、思惑とは違う客層が多数来客する可能性が高いので要注意です。

5．ホームページ

新聞を読まない人たちは、ニュースを何で知るかというと、テレビの次に多いのがインターネットです。特に若い世代は、モバイル（携帯）を含め、常にネットにつながっているといえます。

そこで彼らへの有効な販促手段としてインターネットの活用が注目されています。いわゆるEC（電子商取引）の急激な拡大は、これからのビジネスの主軸を担うことは間違いありません。

美容室もその流れに乗り遅れてはならないでしょう。

ただし、サロン開業時の集客手段として効果的かというと、残念ながらそうではありません。

ホームページはサロン開業後、しばらくしてからその力を発揮するものと理解して下さい。

開業時の集客を目的とするならブログが有効です。ブログとは「ウェブ・ログ」の略称で、インターネット上に公開されることを前提として書く日記と理解すればよいでしょう。個人の日記ですが、全国の人たちが見るメディアに成長しています。

例えば、開業を決意した時点でブログを開設し、オープンまでのプロセスでの苦労や悩みなどをブログに公開するのです。そのプロセスを共有することにより、すでにオープン前から集客活動が開始されることになる。ホームページと違って、開設や制作に一切お金がかからないのも魅力。こんなメディアを放っておく手はありません。インターネット環境があって、パソコンを多少使えればOKです。

これを有効化するには、開業よりいかに早くブログを開設できるかにかかっています。オープン時に慌ててブログを始めても、集客の効果は期待できないことを忘れないで下さい。

集客効果をどう計るか

サロンは開業時の集客対策としてどれくらい予算化したらよいでしょうか？

残念ながら「〇〇円」とか「目的売上の〇％」といった指標はありません。サロンそれぞれの考え方に基づくしかありません。しかし、集客効果を計る考え方はありますので、以下、ご紹介しましょう。

ツールとしてのメディアはターゲットの年齢層

（例・若年層に新聞折り込みは不可）や立地条件（例・オフィス街ではポスティングよりハンティングが有効）によって、組み合わせる必要があります。が、ここでは投資効果という金額ベースで判断します。

仮に開業告知に合計100万円使ったとしましょう。結果、開業1か月で500人の来客がありました。そうすると1人のお客様あたりの販促費は100万円÷500人で2千円となります。

しかし、開業に伴う集客の場合はその計算だけでは不十分です。さらに効果測定を進めていきます。

500人の顧客のうち、半分のお客は2度目の来店がありませんでしたが、残りの半分のお客はその後も当店を利用し、平均で3回（初回を含めると4回）、平均顧客単価は7千円の固定客になりました。

とすると、開業集客ツールの1年後の効果測定はこうなります。

100万円÷（500人＋250人×3回）＝800円

したがって、顧客1人当りの獲得コストは800円となります。7千円の顧客を800円で集客したということになります。トータルでは、100万円の販促費で875万円の売上を回収したということですね。これを高いと考えるか安いと考えるかはあなた次第。

開業時に使用された集客ツールは1年後に使い切ってしまっても、その時に来店した顧客が固定客として残っている限り、その費用対効果は向上し続けているのです。

横手康浩（Bivo PHASE）

スタッフの生活を守る、
美容師として生きていけるように育てる。
それが僕の最大の責任です。

　僕は開業する前に人から言われ、今までずっと心に留めている言葉があります。
「経営者になるということは、従業員を路頭に迷わせない。失敗すれば従業員の生活をダメにしてしまう。成功するという自信がないなら店を出してはいけない」
　その言葉をずっと守り続けています。当たり前のことですが、一度も給料の支払いを遅らせたことはありません。自分自身の給料は遅らせたり少なくしたことはあります。店が軌道に乗るまでは、売り上げはどうしても不安定です。でも、経営者になったらスタッフを第一に考えなくてはいけないんですね。
　開業する前も、開業してからも困ったことはたくさんありますが、いちばんきつかったのは、悪質なクレーマーへの対応です。
　アシスタントが担当したシャンプーで、耳に水が入って耳の調子が悪い、というのがクレームの内容。施術料金を返し、菓子折りを持って、営業後毎日謝りに行きました。しかし、それでも誠意が足りないと店に毎日電話があり、その対応に追われてヘトヘトになりました。保険会社からの指導を受け、何とか乗り越えましたが、プロのアドバイスがなかったらどうなっていたかわかりません。
　経営者になると、どんなことにでも対応しなくてはなりません。スタッフの失敗も自分の責任になります。頭を下げる、という習慣を身に付けることも経営者には必要です。専門家からアドバイスをもらえる環境を作っておくことも大切でしょう。
　スタッフのすることは、すべて自分の教育の結果。だから怒ったら負けなんです。忍耐強く話をして、そして美容師として生きていけるように一人前に育てること。これが、僕の最大の責任です。

Chapter 8

年末調整・確定申告

個人情報保護法の基礎知識 160
開業後のお悩みQ&A 162

事業者としての
大きな仕事のひとつに、
年末調整と確定申告があります。
経費を計上し、
税金を支払うのが目的。
これは、事業者の責任として、
必ず行わなければなりません。
年末、年明けに行う
年末調整・確定申告のしくみ、
注意点を紹介します。

chapter 8

年末調整・確定申告

開業して初めての年末調整と確定申告は、手続きがよくわからずに時間がかかってしまいます。しかも、書類を整理したり提出する時期が年末年始にかかるため、サロンの繁忙期と重なってしまいます。年末調整は所得を証明する「源泉徴収票」の発行につながりますので、スタッフのためには必要な手続きです。忙しかったから、うっかり忘れた、ということは許されません。そして、確定申告は、事業者としての義務です。期限内に申告をしないと、ペナルティが課せられるため、オーナーが果たすべき責任の1つとしてとらえておきましょう。慣れれば自分でも申告できるものですが、年末調整と確定申告だけでも、専門家である税理士にお願いする、というのも1つの方法です。

文/三本勝己（三本勝己税理士事務所/株式会社エムエイビーシー）

年末調整

給与所得者を対象に、その年の所得を年末にかけてもう一度計算することで、その年に支払うべき正しい税金額を正確に算出しなおす、という作業のことを「年末調整」と言います。以前のサロンに勤めていたときは、その店が作業を行っていました。開業後は、あなたがスタッフの年末調整をしなくてはなりません。

店のオープンが年の途中の場合、スタッフの前の職場での給与と、新しい職場での給与を足して年間を通しての精算が必要です。毎年、「源泉徴収票」という書類が店からスタッフへ配布されています。「源泉徴収票」は、その人の生年月日や扶養家族の情報、（その年に退職した場合は）退職までの給与の合計額、源泉徴収により支払った源泉所得税の合計額が記載されています。今年の「源泉徴収票」がないと、年末調整が出来ず、正しい税金の計算が出来なくなります。今年、前の店を辞めて入店したスタッフがいたら、前の店がくれた「源泉徴収票」を持ってくるように伝えましょう。万が一、スタッフが配布済みの「源泉徴収票」をなくした場合、前の店に再発行してもらうよう、お願いしてもらいましょう。

年末調整は、最終的に源泉徴収票という形でスタッフに渡してあげなくてはいけないものです。もし、経営者が年末調整や源泉徴収票の作成を怠ると、従業員は余分な税金を払うことになったり、正しい所得が証明できず、将来、スタッフが金融機関にお金を借りる時に、自分の所得を証明できず問題が起きてしまいます。

今年、入社したスタッフには、前の職場からなるべく早い時期に入手するように伝えます。どんなに遅くても年末調整を行う11月までに入手して下さい。

なお、年末調整は必ず税金が戻ってくるものと思われていますが、前の職場で計算を間違えていたり、途中の税金をちゃんと引いていなかったり、個人的な事情で税金が増えてしまう人も中にはいます。

手続き

1. 開業したら、毎月、賃金台帳を作成します。スタッフの1年間の給与、社会保険料などを記入したものを集計しておきます。
2. 税務署からサロンに「給与所得者の保険料控除申告書兼給与所得者の配偶者特別控除申告書」というものが送られてきます。スタッフに1枚ずつ渡し、必要事項を記載してもらいます。個人で加入している生命保険や損害保険、配偶者や子を扶養している場合、その額や扶養家族の人数に応じて税金が控除されます。この書類に、それらを記入してもらいます。生命保険等に加入している場合、保険会社から送られてきた控除証明書を一緒に提出してもらいます。
3. この書類を元に、1年間の給与から控除項目を引いて、今年の個人所得を算出します。
   その所得から税金を計算し、前年度の源泉徴収表の税金の額と比べ、多ければ返金し、不足していれば徴収します。こうして清算した金額を12月の給与で調整するのが一般的です。もし、給与日までに計算が間に合わない場合には、計算した金額を別途支給することも出来ます。
4. 税務署から送られてきた、6枚つづりになっている4種類の書類(給与支払い報告書・源泉徴収票)(p154参照)を、翌年の1月末までに作成します。うち2種類をスタッフの自宅住所の市区町村役場へ、1種類をサロンの住所の税務署へ提出します。残り1種類(これが源泉徴収票です)をスタッフへ渡します。

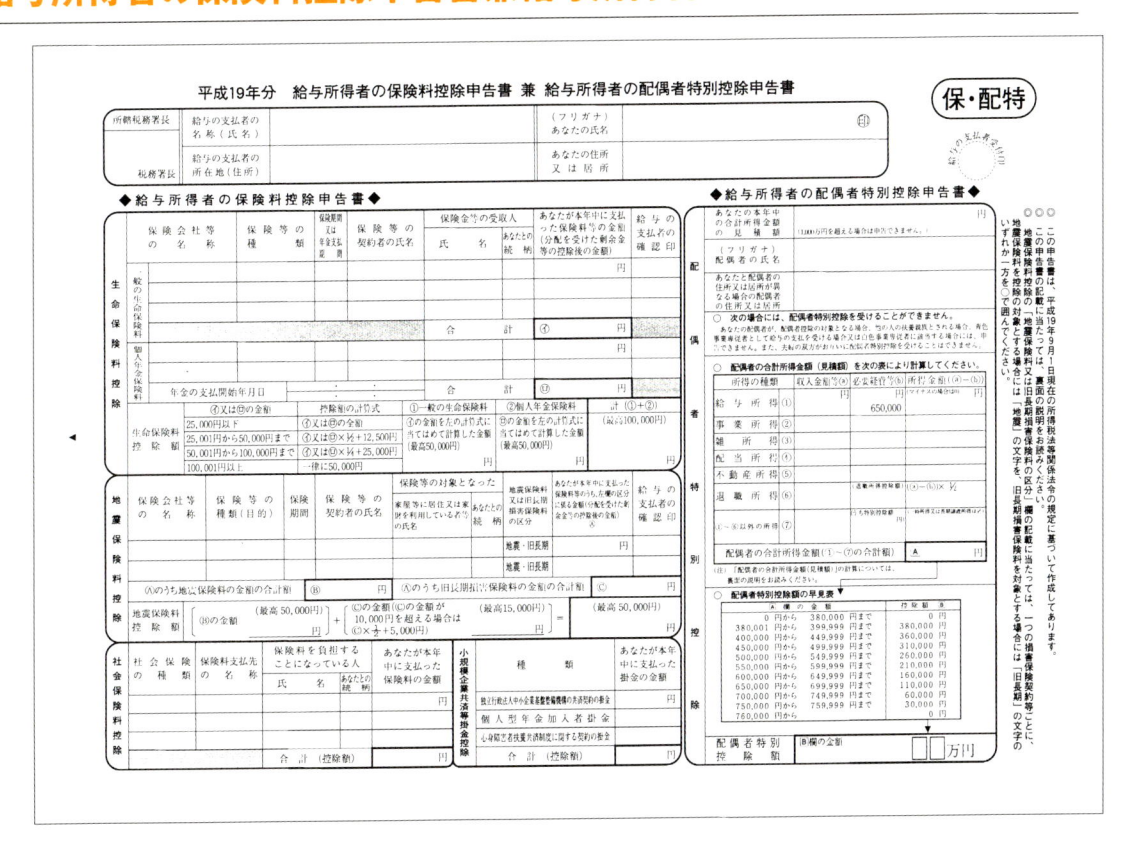

給与所得者の保険料控除申告書兼給与所得者の配偶者特別控除申告書

給与支払報告書・源泉徴収票

年末調整が終わったら、翌年の1月31日までにこの表を作成して市区町村と税務署に提出します。

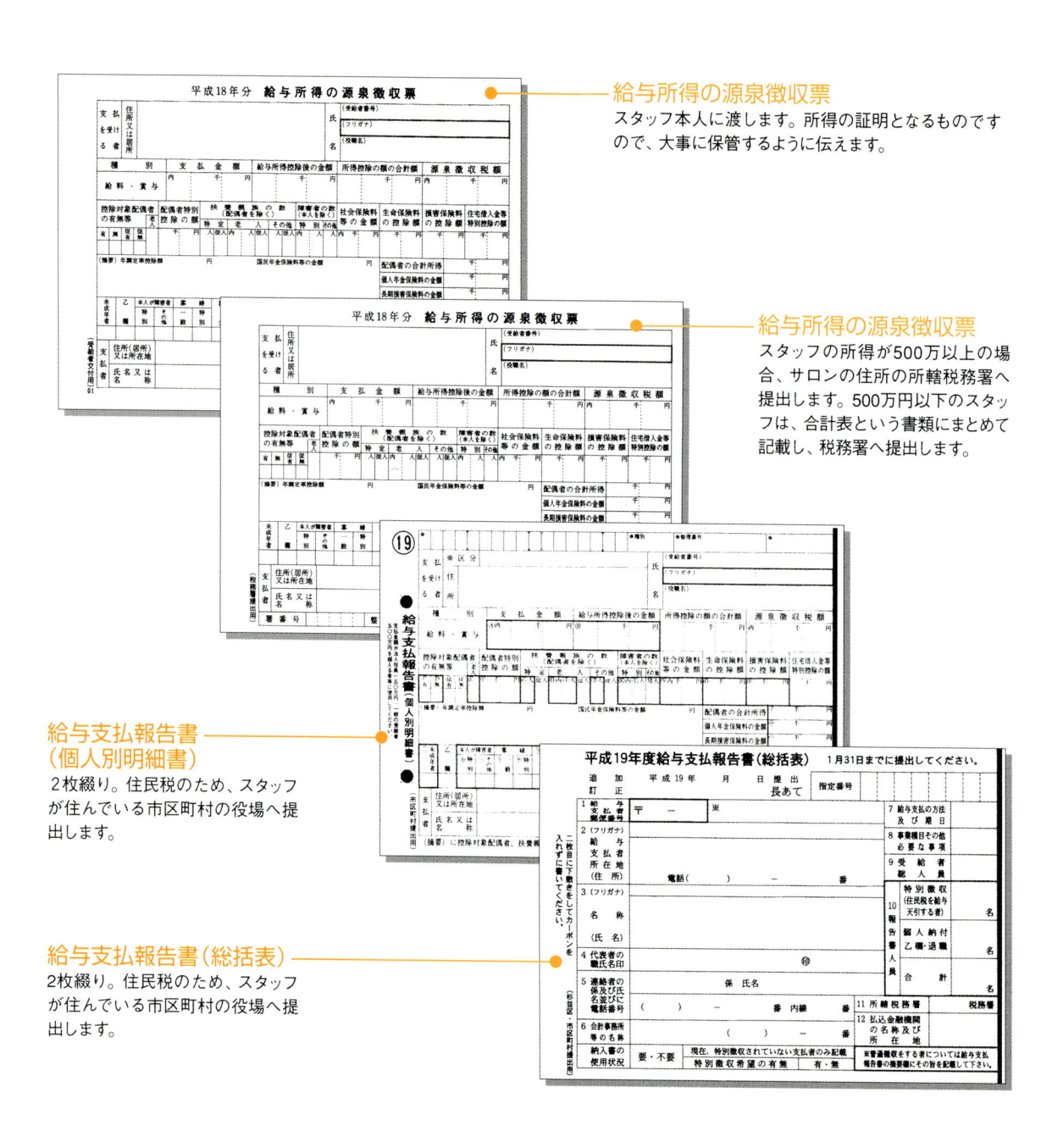

給与所得の源泉徴収票
スタッフ本人に渡します。所得の証明となるものですので、大事に保管するように伝えます。

給与所得の源泉徴収票
スタッフの所得が500万以上の場合、サロンの住所の所轄税務署へ提出します。500万円以下のスタッフは、合計表という書類にまとめて記載し、税務署へ提出します。

給与支払報告書（個人別明細書）
2枚綴り。住民税のため、スタッフが住んでいる市区町村の役場へ提出します。

給与支払報告書（総括表）
2枚綴り。住民税のため、スタッフが住んでいる市区町村の役場へ提出します。

確定申告

　オーナーであるあなたは、給与所得者ではありませんので、スタッフとは別に、確定申告を行います。自分で事業を行うということは、税金に関しても責任をもって申告をしなければいけません。確定申告は1月1日から12月31日までの所得を精算し、税金を払う、というものです。申告する時期は翌年の2月16日から3月15日までの1か月間。

　毎日のサロンワークが忙しくて、時間をつくることが難しいかもしれません。しかし、期限内に申告しないと、罰則金が発生してしまいます。確定申告は事業者の義務の1つですし、これから毎年行わなければいけないのです。期限内に申告をする習慣をつけておきましょう。

　開業初年度は、今まで給与としてもらっていた分と、開業して事業者としての分を合算して申告しなければなりません。確定申告のためには、日々の領収書の保存や通帳の記録、毎日の売上の記録が重要になります。

　毎日することが多くて忙しく、領収書の整理をする時間がない、というオーナーがいます。しかし、領収書がグチャグチャで整理ができていない人は、経営そのものが整理されていない人が多いのも事実です。整理されてないのですから、経費がどのくらいなのかすぐに把握することができません。結果的に、どのように店をまとめていこうか、頭の中までまとまらなくなるのです。スタッフ教育や集客など、ほかのことに気持ちを集中しなければならないなら、経理を誰か他の人に任せることも考えるべきでしょう。

　税理士など、専門家に依頼するのであれば、店の成長をみて指導できる人を探しましょう。

確定申告のために準備すること

領収書 ─ 事業に使用したものは経費の対象になりますので保存しておいてください。
打ち合わせのためのお茶代、消耗品の購入、文具の購入、水道光熱費、家賃の支払い（サロン）、携帯電話の支払、電話料金、材料の仕入、　その他

毎日の記録 ─ 毎日の売上を集計したもの
毎日の経費を集計したもの
通帳から支払ったものを保存するファイル
給与の台帳
棚卸の記録　12月末日現在の材料の在庫がどれだけあるかを明細にします。

契約書の保存 ─ 家賃の契約、リース契約、借入の契約などは保存しておいて下さい。

個人の控除に必要なもの ─ 年金の支払いの証拠、健康保険の支払いの証明資料、
生命保険、損害保険の控除証明書　医療費の領収書　など

chapter 8

所得税青色申告決算書

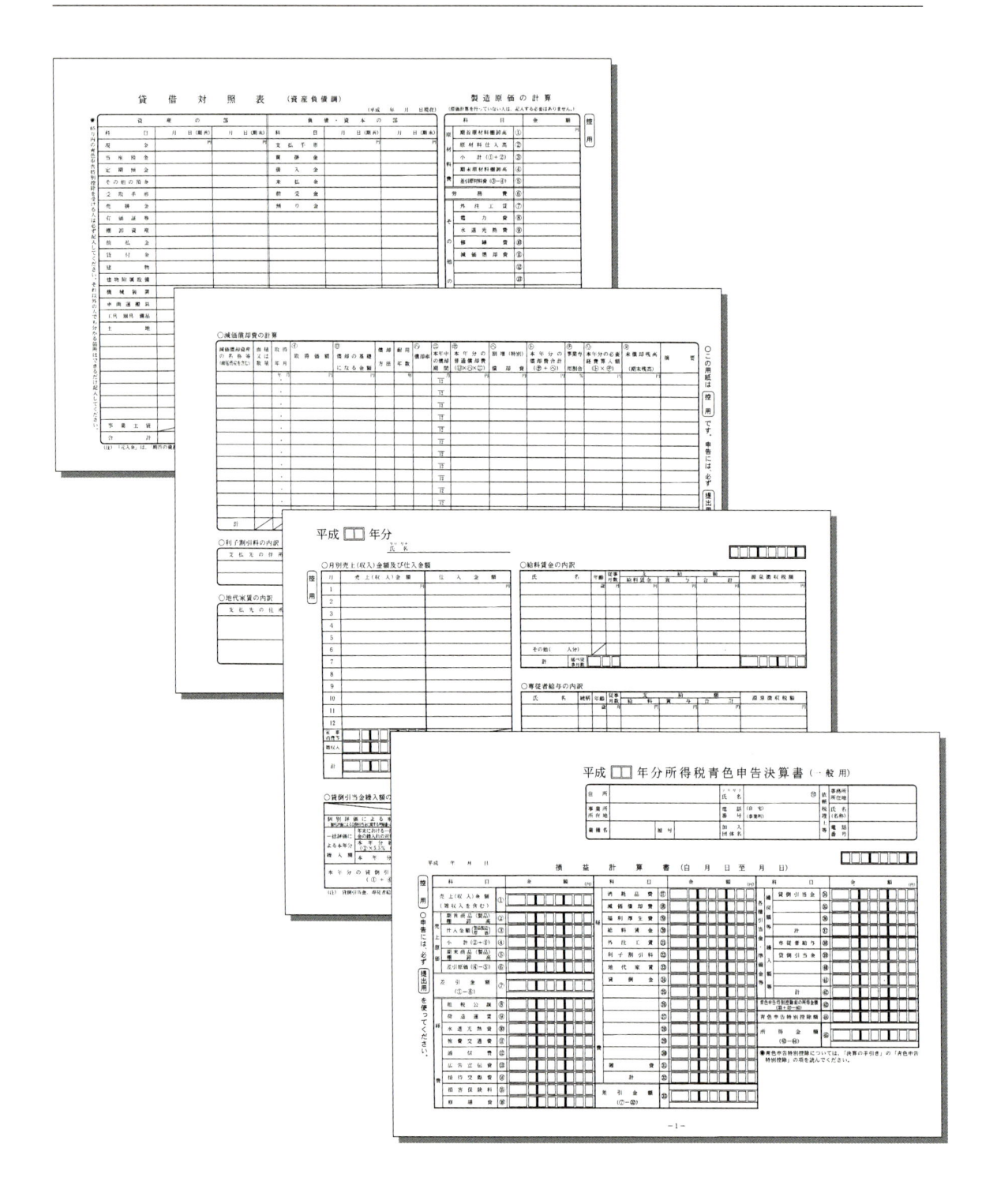

所得税の確定申告書

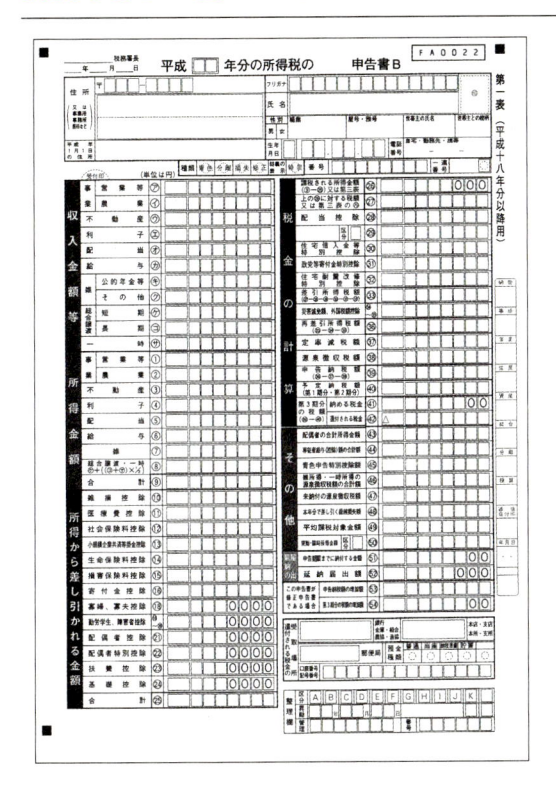

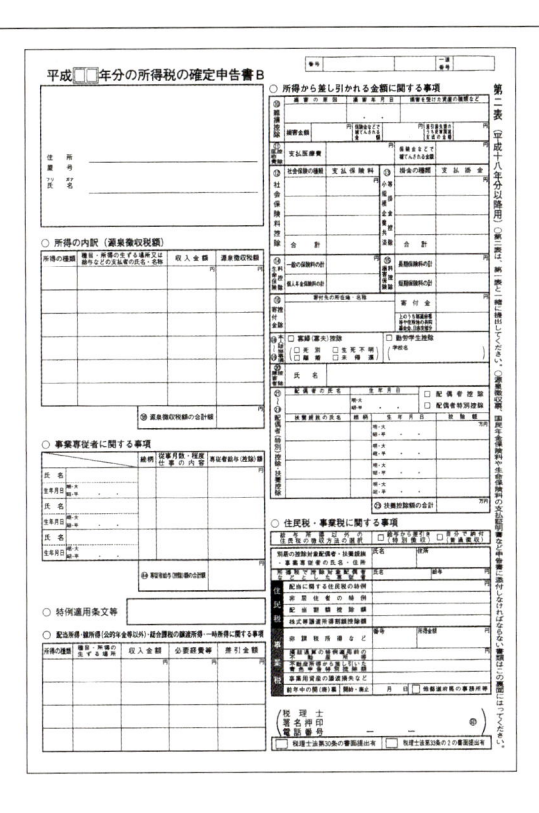

確定申告のしくみ

1. 所得の種類ごとに所得金額を計算する必要があります。

1) 給与の分

年の途中まで給与をもらい、その後独立した場合、勤務期間を給与所得として計算します。

2) 開業してからの分

事業所得として計算します。事業所得は売上の金額の年間合計から各種経費を全て引いた金額で計算されます。申告書を作成するには、経費を項目ごとに区分する必要があります。青色申告をする場合（事前に青色申告承認申請をしておく必要があります）には、毎日の帳簿を作成しておきます。事業所得に関して、青色申告をする場合には青色申告特別控除があります。

3) 所得を合算する

所得が複数ある場合には、各所得を合算することにより年間のあなたの所得が計算されます。

2. 控除の項目

所得税の控除にはいろいろなものがあります。

　　基礎控除
　　配偶者控除
　　扶養控除
　　社会保険料控除
　　保険料控除

これらの控除金額を合算します。

3. 所得から控除を引いた金額が課税対象の所得金額となります。

4. 課税対象の所得金額に以下の税率表に合わせて税金の計算をします。

chapter 8

どのようなものが経費になる？

事業で使用した領収書はすべて整理して保存しておくべきです。事業に必要なものは経費にできます。主な経費に関しては以下の通りです。詳細は専門家に相談して判断してもらいましょう。

サロンの家賃	全額が経費になります。（店舗付住宅の場合、一部を経費にできます）
美容器材 内装 家具 パソコン	10万円未満は経費になります。 10万円以上20万円未満は3分の1が経費になり残りはあと2年に均等に分けて経費になります。 ただし、青色申告の申請をしている場合には、年間合計300万円までの範囲で30万円未満のものが経費になります。
保証金	返還されない額は、契約期間を月按分して経費にできます。
顧客のために用意する雑誌	全額が経費になります
材料	使用したもの（在庫分は除く）は経費になります
電話、水道光熱費	全額が経費になります。（店舗付住宅の場合、一部を経費にできます）
スタッフとの食事	経費になりますが、限度があります

　利益が出れば、そこに課税されます。税金を支払うくらいなら、経費として使ってしまおう、自分の所得にしてしまおう、という考えるオーナーもいます。この考えを節税、ということもできます。しかし、節税というのは、会社の成長、という視点があってこそ意味があるもの。目先の税金のことだけを考えて利益を出ないようにしていると、いつまでたっても会社としての信用力が上がらず、改装や移転、出店をしたいと思っても融資が受けられない、ということにもなりかねません。税金を支払うのは何となく嫌だから、という感覚だけで、利益を出さないようにするのは、おすすめできません。サロンをどのように成長させていくのか、そのためにはどの時点で投資が必要か。それはどのくらいの額で、会社としてどのくらいの準備が必要か。スタッフの教育や採用計画とも合わせ中長期の計画を立て、それに応じた節税を考えていきましょう。

その他

住民税は忘れた頃に請求がきます

開業初年度は赤字で税金はないと思っていたら、住民税の請求が来たということがあります。住民税は前年の所得に対して課せられる税金なので、前年給与をもらっていたら、それに対して課税がかかります。まだ事業が軌道に乗っていなくても前年の所得に対して課税されるので注意が必要です。

親・親族から援助を受けた自己資金について

開業する際、開業資金について親・親族から援助を受けた場合、返済の必要がない場合は「贈与」となり、通常、贈与税がかかります。確定申告の際は、自己資金が贈与かどうかを直接問われることはありません。しかし、事業者になると、税金が正しく支払われているか、税務署が抜き打ちで税務調査をすることがあります。

その際、返済の形跡がない、返済に関する書面がない、となると贈与と認定されてしまいます。この場合、贈与税の他にペナルティがついてしまうことがあります。

返済する約束になっているのでしたら、税理士事務所に相談し、「金銭消費賃貸借契約書」という返済期間と利率を明記した書面を作成しておきましょう。

贈与額	利率	計算方法
年間110万円まで	無税	
年間111〜310万円まで	10%	計算例・贈与額が310万円の場合 （贈与額　310万円−控除額110万円） ×10%＝21万円
年間311〜410万円まで	15%	計算例・贈与額が410万円の場合 {（贈与額　410万円−控除額110万円）×15%} −10万円＝35万円
年間411〜510万円まで	20%	計算例・贈与額が510万円の場合 {（贈与額　510万円−控除額110万円）×20%} −25万円＝55万円

個人情報保護法の基礎知識

編集部

顧客やスタッフ、取引先の個人情報

　個人情報保護法とは、事業者(サロン)が持つ顧客や取引先、従業員など個人の情報(氏名、住所、電話番号、メールアドレス、顔写真、趣味や嗜好、財産や結婚歴など個人を特定することのできる情報すべて)をどのように利用しているのか、情報を取り扱われる個人(顧客、スタッフ、取引先、カットモデルなど)に対して、どのように個人の情報が使われるのか、知らせなければならない、という法律です。5,000件以上の個人情報を6か月以上の間、継続して取り扱う事業者がこの法律に該当します。ですから、お客様情報を記入していただくこと、そのこと自体にお客様の同意が必要なのではありません。記入した情報をどのような利用をするのか、それを報告する義務があるのです。

お客様が不快に思うかどうか

　新しく店を始める場合、最初から5,000件の顧客名簿でも持っていない限り、取り扱い事業者には該当しません。
　しかし、個人情報は扱われたお客様が不快に感じたかどうか、という点で問題になることが多いもの。あなたのサロンが取り扱い業者でなくとも、あなたのサロンで登録した個人情報が漏えいし、架空請求や詐欺など犯罪に悪用されてしまったら、民事裁判で損害賠償請求されることも考えられます。
　個人情報が漏えいすると、企業イメージを左右しかねない事態となるのは、個人店でも同じこと。社会全体が、個人情報の取り扱いに敏感です。カルテにお客様から住所や電話番号を記入していただく際、どのような利用目的で使用するのか、わかりやすく文章でお伝えしておくべきでしょう。

指名顧客は誰のもの？

　最近増えてきていることは、サロンで顧客名簿を管理する必要性から、スタッフの独立の際、指名顧客への告知をめぐって、サロン側がスタッフを訴えること。個人情報保護法の観点からすると、情報管理者はサロンのオーナーであり、利用目的にスタッフが辞めたときの取り決めに関する記載がなければ、店側の主張は正しい、ということになります。
　しかし、顧客が担当スタイリストの移転先を知りたいという場合、その要望に店が固くなに拒むことはどうでしょうか？　インターネットでは、顧客が美容師の移転先を探すサイトや掲示板があります。個人情報保護法をタテに、一切の情報をスタッフに渡さない、というサロンの方針が顧客に受け入れられている、とは言い切れないのです。
　スタッフとのトラブルを避けるために、例えば、3年以上の指名顧客には独立の知らせをしても良い。店側が退社することを顧客に告知した上で、判断は顧客にお任せする。というような取り決めを、就業規則や労働契約で最初にしておくことが望ましいもの。顧客の利益も考える、という視点もオーナーは考えるべきです。

個人情報取り扱いについて

1. **利用目的を明確にすること**
    お客様の情報をどのように利用したいのか、はっきり決めましょう。カルテの作成、DMの発送など具体的であることが大切です。

2. **利用目的を通知、お知らせすること**
    お客様から個人情報を収集する場合、利用目的を通知、または公表しなくてはなりません。ウェイティングスペースのデスクに「個人情報の取り扱いについて」という文章を掲示したり、お客様情報の記入用紙の最初に大きな文字で記載してあることが望ましいでしょう。

3. **情報は外部に漏れないように管理すること**
    顧客情報の漏えいのほとんどは、従業員やアルバイトなど、内部からだと言われています。特に美容室の場合、カルテの取り扱いが自由になりがちですので、取り扱うスタッフを店長などに固定するなど、徹底しましょう。

4. **ご本人から求められた場合、情報を開示すること**
    お客様がご自身の顧客カードやカルテなどを見たい、と要求された場合、開示しなくてはなりません。カルテにお客様との会話の内容をメモしておくケースがあります。
    個人的な会話が記録されていることに不快感を抱く顧客もいるかもしれません。できれば、スタイリスト個人が管理するノートなどに記載するとよいでしょう。
    施術を安全に行うため、必要な情報（頭の傷やアレルギーなど）はお客様にお断りの上、カルテに記録しておきましょう。

5. **目的外利用は、本人の同意を得ること**
    例えば、スタッフの独立、サロンが新しく始めた事業のお知らせなど、利用目的とは違う目的で利用する場合、あらかじめお客様の同意を得た上でないと、利用してはいけません。

6. **事実と違う場合、訂正や削除に応じること**
    お客様のお名前が間違っている、DMは必要なくなった、などの指摘があれば、それに応じなくてはなりません。

7. **本人の同意を得ずに第三者への情報提供はしないこと**
    友人が新しく店を始めたのでおすすめしたい、と思っても、友人に名簿を提供してはいけません。すべて、お客様の同意の元でなければならないのです。

chapter 8

開業後のお悩みQ&A

開業するまでは、バタバタと忙しくあっという間ですが、開業してからは1日が長く感じる日があります。不安な気持ちが突然襲ってきたり、スタッフとの間にギャップが生まれたり。開業直後はうまくいかないことが多くて当たり前。目の前の問題に感情的にならず、冷静に1つ1つ対処していくことで、オーナーとしての力が上がっていきます。

解答/五十嵐憲生（RENJISHI）

お悩みその 1.

思ったほど顧客が来てくれません

僕の経験では、男性顧客の義理堅さに比べたら、女性顧客はそれほどでもないような気がします。仮に、勤めていたときのサロンの隣りに出店したとしても、以前のように常連になってくださるかというと、そうとは言い切れないところがあります。もちろん、1度や2度は顔を出してくださるでしょう。女性顧客は男性顧客に比べたら、サロンの広さやインテリア、アシスタントの雰囲気など、サロンを評価するポイントがたくさんあるのかもしれません。最終的には、どの店を選ぶのかは顧客が決めることです。来店してくれるはず、と一方的に期待をして悩むより、ゼロからスタートする、という気持ちになればすっきりするでしょう。いずれにしても、新しい店を軌道に乗せるためには新規顧客を増やすことがポイントとなります。でなければ、スタッフをデビューさせることもできないのですから。

お悩みその 2.

イライラしてスタッフに当ってしまいます

開業したばかりの頃は誰だってうまくいきません。スタッフに当っても何の解決にもならないはずです。あなた自身、先が見えないからイライラしてしまうのです。先が見えれば落ち着くでしょう。集客の方法を考える、とびきりのヘアスタイルが提案できるように練習する。何か具体的な行動を起こすと気持ちが前向きになります。商売は、今日の努力が明日の売り上げには直結しません。今日から始める毎日の努力が3か月後に芽を出し、さらに努力して実を結ぶのです。オーナーは、スタッフよりも上を行かなくてはなりません。例え、スタッフの言動にムッとするようなことがあっても、常に冷静に諭すこと。それが役割なのです。

お悩みその 3.

技術者の自分とオーナーの自分。バランスが難しい

　難しいですね。特に初めての開業なら、オーナーとしての仕事の多さ、煩雑さで頭がいっぱいになってしまうでしょう。不安が強いと、それが顔に出て顧客にもその気持ちが伝わってしまいます。どんなにあなたの状況が大変でも、お客様はきれいになるために来店されているのですから、サロンワークに集中したいものです。

　安心してサロンワークができるような環境をつくる。それが技術者とオーナーの仕事のバランスを取るコツです。僕は、何でも3か月という単位で考えるようにしています。お客様の数を一気に増やすことはできませんが、毎日、コツコツ頑張っていけば結果につながる。お金のことだって、支払いの見通しはわかっているはずですから、早め早めに手を打っていくことです。何でも3か月先を見越して行動していくこと。常に、気持ちに余裕を持つとサロンワークもうまくいきます。

お悩みその 4.

夜、眠れなくなってしまいます

　自分の店を維持していくということは、あなた自身が健康である、ということが何よりも大切な条件です。睡眠不足では精神的なコントロールができなくなってしまいます。気持ちが不安定になると、身体を壊してしまいます。

　夜は必ず眠ること。夜中にあれこれ考えても解決できることは何もないのです。だったら、夜はぐっすり眠り、朝早く起きて徹底的に考えたほうが解決策が見えてきます。

　1人で問題を抱えて眠れなくなるのなら、スタッフに相談しましょう。たとえ美容学校を卒業したての新人でも、消費者に近い視点でなら店の問題が見えているものです。オーナーだからといって、すべてを1人で抱えることはありません。一緒に働く仲間として、店の問題点を全員で話し合い、解決方法を探っていきましょう。

お悩みその 5.
この先が漠然と不安です

　開業したてのときは誰だって不安です。その不安を自分の中で、どうコントロールするかがチャンスを呼び寄せる秘訣だと考えましょう。責任は自分が背負わなくてはならないと覚悟しましょう。顧客、スタッフ、商店街の人に、自分の気持ちを打ち明けるのは逆効果です。親身になってもらうどころか、離れていってしまいます。彼らの前では常に明るく振舞うこと。暗く不安な雰囲気よりも、明るく楽しい雰囲気の店に人は集まるのですから。拭えない不安な気持ちは、あなたを支えてくれる家族にだけ打ち明けましょう。

お悩みその 6.
スタッフとコミュニケーションがとれません

　スタッフには、頑張って欲しいというあなたの気持ちを、きちんと言葉にして伝えることです。背中を見せるだけでは何も伝わりません。店の方針を丁寧にわかりやすい言葉で話すこと。それでも伝わらないことだってあるのです。それは、伝えられなかった自分の力が足りないだけのこと。スタッフのせいにしても何も改善しません。コミュニケーションに関することは、ビジネス書などから解決策をさぐるより、たくさん経験することのほうが役に立ちます。あなたの対応力が上がらないと、読んで知っているだけでは役に立たないのです。

お悩みその 7.
自分は頑張っているのに、スタッフがついてきません

　責任も危機感もスタッフよりは何倍も強いのが、オーナーという立場。あなたが頑張るのは当然です。しかし、このように1人だけ気持ちが空回りすると歯車がかみ合わなくなり、いずれスタッフは店を辞めてしまいます。自分はこんなに頑張っているのに、と思いすぎないようにしましょう。
　あなたはオーナーになりましたが、オーナーとしての権限を振りかざすようなことをしてはいけません。フロアでは1人の技術者としてスタッフに接し、店を閉めたらオーナーの顔になる。上手に気持ちの切り替えをしましょう。

お悩みその 8.

商店会への加入を誘われています

　地域に密着することは商売の基本です。商店会にはぜひ入会をしましょう。菓子折りを持って、すべての店にあいさつに行きましょう。商店街で「あのサロンはいいらしい」と評判になれば、地元のお客様はたくさん来てくれます。僕は、店をオープンしたとき、商店会の各店舗と同じビルのテナントには招待状を出しました。同じビルの従業員にはその後も20％ほど割引しています。近所づきあいは大事です。商店会や地域ではいい人でいること。商店会から寄付を求められたら喜んで出す。安い店はたくさんありますが、買い物は商店会で。地域で共にやっていく、という気持ちが商売というものです。

お悩みその 9.

オープンして3か月間は順調でしたが、最近予約が減っています

　これも、よくあるケースです。僕が店をオープンしたときも、3か月間はとても順調でした。オープン前、1週間続けて駅周辺でチラシを配ったことが功を奏したのだと思います。しかし、3か月後、ピタッと来店がなくなりました。新規顧客が一巡してしまったんです。オープンしたてで、もともと顧客の数が少ないですから、こたえましたね。

　6月のオープンで9月に顧客が減り、年末は時期的には持ち直しても、1、2月はまた顧客が少なくなることは予想がつきました。ですから年明け対策として、9月からいろいろなことをしました。新聞の折り込み広告はとても質の良い紙を使ってさらにフルカラー印刷にして、目立つような工夫をしました。街頭で配るチラシも、捨てるにはもったいなくてバックには入らず、持ち歩けるものはないかと素材を探し、A3サイズのセメント袋にサロンのロゴと絵を印刷して、中にショップカードを入れ、若い世代を中心に駅前で配りました。そして、時間があればモデルハントをしてカットを練習させてもらい、モデルの評判で友達を紹介してもらいましたね。

　僕は1年間は徹底的にいろんなことをしようと決めていましたから、思いついたことは何でも実行してみました。悩む前に行動をするほうが精神的にも良いですから、できることは試してみることです。

美容室開業に関する問い合わせ先一覧

ここで紹介している連絡先はすべて代表です。
各ホームページで全国の所在地を紹介していますので、
開業する地域の所轄を調べ、そちらへお問い合わせください。

創業支援・融資相談関連

創業に関する相談・事業計画書作成や融資の相談などの主な問い合わせ先。

■日本商工会議所
http://www.jcci.or.jp

■株式会社日本政策金融公庫　国民生活事業本部
100-0004
東京都千代田区大手町1-9-4
TEL03-3270-1478
http://www.kokukin.go.jp

■社団法人全国信用保証協会連合会
101-0048
東京都千代田区神田司町2-1
TEL 03-6823-1200
http://www.zenshinhoren.or.jp/

■独立行政法人中小企業基盤整備機構
http://www.smrj.go.jp

■中小企業庁
http://www.chusho.meti.go.jp

美容室開設届け関連

美容室開設手続き、美容室の衛生管理の指導などは各保健所が行います。

■全国保健所長会
http://www.phcd.jp

開業届け・納税関連

事業所の開業届けの提出、スタッフの年末調整、確定申告などの問い合わせは税務署が担当します。年末調整や確定申告の相談や書類作成は税理士が担当します。

■国税庁
http://www.nta.go.jp/

■日本税理士会連合会
141-0032
東京都品川区大崎1-11-8 日本税理士会館
TEL 03-5435-0931
http://www.nichizeiren.or.jp/

会社設立届け関連

株式会社を設立する場合、法務局へ書類の提出が必要となります。相談や書類作成は行政書士が担当します。

■法務局
http://houmukyoku.moj.go.jp/homu/static/

■日本行政書士会連合会
153-0042
東京都目黒区青葉台3-1-6
TEL03-3476-0031
http://www.gyosei.or.jp

スタッフ雇用関連

スタッフ雇用の際の労働条件通知書や、就業規則の提出先は労働基準監督署です。相談や書類の作成は社会保険労務士が担当します。

■労働基準監督署
http://www.mhlw.go.jp/bunya/roudoukijun/location.html

■全国社会保険労務士会連合会
103-8346　東京都中央区日本橋本石町3-2-12
社会保険労務士会館
TEL 03-6225-4864
http://www.shakaihokenroumushi.jp

社会保険関連

国民年金や厚生年金保険は社会保険庁、健康保険は保険組合や市区町村、労働保険はハローワークや労働基準監督署での手続きが必要です。

■社会保険庁
http://www.sia.go.jp/

■全日本理美容健康保険組合
103-0011
東京都中央区日本橋大伝馬町1-7
イトーピア大伝馬ビル
TEL03-6661-6106
http://www.ribi-kenpo.com/

■東京美容国民健康保険組合
163-0436
東京都新宿区西新宿2-1-1　新宿三井ビル
TEL03-5908-8201

http://kokuho-tokyobiyo.or.jp/

■大阪府大阪整容国民健康保険組合
530-0042
大阪府大阪市北区天満橋3-4-28
TEL06-6351-8901
http://www.seiyo-kokuho.com/

■ハローワーク
http://www.mhlw.go.jp/kyujin/hwmap.html

■労働基準監督署
http://www.mhlw.go.jp/bunya/roudoukijun/location.html

■全国社会保険労務士会連合会
103-8346
東京都中央区日本橋本石町3-2-12
社会保険労務士会館
TEL 03-6225-4864
http://www.shakaihokenroumushi.jp/

管理美容師資格取得

■各都道府県生活衛生主管部
　各都道府県庁へお問い合わせください。

その他

美容業、生活衛生、社会保険、
労働条件の監督官庁

■厚生労働省
http://www.mhlw.go.jp/

Profile

内田 昇（うちだ・のぼる）(p3)
『TOM&SUSIE FACTORY』代表。1953年生まれ。2007年春に創業30年を迎えた。現在東京・八王子のJR駅前を中心に、コンセプトの違うサロンを4店舗展開。「生涯顧客・生涯雇用」をポリシーとして、自身もトップスタイリストでもあり続けながら、サロン経営に専念している。現場の視点に立ったサロン経営セミナーが人気。06年度JHCA委員長、インターコワフュールジャパン理事、JPA執行部。　http://www.tomandsusie.co.jp

三本勝己（みつもと・まさみ）(p19 p120 p152)
1967年生まれ。アーサーアンダーセン会計事務所を経て、26歳で独立。中小企業の商売繁盛支援を目的に株式会社エムエイピーシーを、会計税務サポートとして三本勝己税理士事務所を設立。
美容室の経営支援に関して、サロンの開業支援、店舗の黒字転換へのサポート、モチベーションアップのための給与制度導入など実績多数。サロン経営をサポートする「美容経営ドットコム」を運営している。http://www.biyou-keiei.com

東川 仁（ひがしかわ・じん）(p50 p60)
株式会社 ネクストフェイズ 代表取締役
資金調達コンサルタント/経営コンサルタント
「資金調達」「創業者支援」「2代目経営者に対する教育」「中小企業の経営革新支援」「新米士業者支援」を中心に活動を行っている。資金調達や創業支援のセミナー実績も多く、「笑いのとれる」「退屈しない」「すぐ使える」実践的な内容とわかりやすい話し方は好評を得ている。http://npc.bz

五十嵐憲生（いがらし・のりお）(p15 p162)
『RENJISHI』代表。1959生まれ。福岡県出身。現在、東京・青山・吉祥寺に3店舗を展開している。正確で精巧な技術・デザインには定評がある。
現在、サロンワークをベースに業界誌、一般誌の撮影の他、セミナーやショーなどの活動の幅を広げている。
プレーイングマネジャーのためのマネジメント道を説いた月刊『美容と経営』(06年度)での連載が好評を博す。http://www.renjishi.com

原田賢司（はらだ・けんじ）(p40 p129)
1972年生まれ。埼玉県出身。公認会計事務所に9年在籍後、MINX入社。
現在、経理の他、店舗開発などMINXのプロデュース業務を担当している。
http://www/minx-net.co.jp

大内正幸（おおうち・まさゆき）(p84)
売上予測コンサルティング(有)ソルブ
リサーチコンストラクター
1973年生まれ。福島県出身。チェーン企業や個人企業家のための立地調査・売上予測をソルブにおいて専任。その調査・分析手法は、SORBICS（ソルビクス=化学的売上予測理論）に基づいており、徹底した現場主義と統計解析を駆使した分析が大きな特徴である。飲食店・物販店・サービス業を中心に多数の実績と蓄積がある。
http://www.sorb.co.jp

Address

伊東正博（いとう・まさひろ）(p94)
株式会社 C.P.O設計　代表取締役
1955年生まれ。明治大学経営学部卒業後、ハナエモリグループに入社。STUDIO-V配属 NY在住のヘアデザイナー、須賀勇介氏（故人）のアシスタントマネージャーとして美容界に関わる。主に店舗企画、および開発を担当した後、建築業界に転出。1993年独立し、設計事務所を設立。現在年間100店舗の美容室内装及び店づくりに関わる。

斉藤賢一（さいとう・けんいち）(p132)
社会保険労務士　起業・経営安定コンサルタント
城南労務管理事務所
1956年生まれ。新潟県出身。法政大学卒。17年間のサラリーマン生活を経て社会保険労務士に。東京都社会保険労務士会所属。
日本年金学会会員。
http://crp1.co.jp
携帯サポートページ　http://crp1/co.jp/k/b/

小島壯司（こじま・そうじ）(p144)
株式会社エスエムティ代表取締役。「戦略マーケティング」をテーマに、各種診断・指導にあたっている。また、既存のコンサルティング事業とITによる先進マーケティングの融合を行い、企業の経営革新、新たな産業の創出に寄与する。過去10年間で指導した企業の数は2,000社を超える。美容業界はじめ、幅広い業界で活躍をしている。
http://www.smt-net.co.jp

内田　昇（TOM&SUSIE FACTORY）
〒193-0933
東京都八王子市山田町1535-47
042・667・3097

五十嵐憲生（RENJISHI）
〒107-0062
東京都港区南青山3-5-6 アール南青山B1
03・3479・0136

三本勝己
（三本勝己税理士事務所 株式会社エムエイピーシー）
〒167-0043
東京都杉並区上荻1-24-17 丸華ビル4F
03・5347・5291

原田賢司（MINX）
〒170-0022
東京都港区南青山6-11-3　神通ビル603
03・3498・3770

東川 仁（株式会社ネクストフェイズ）
〒564-0051
大阪府吹田市豊津町40-6 EBIC吹田302号
06・6380・1259

株式会社日本政策金融公庫 国民生活事業本部
〒100-0004 東京都千代田区大手町1-9-4
03・3270・1478

東京信用保証協会 創業アシストプラザ
〒104-8470　東京都中央区八重洲2-6-17
03・3272・2279

東京信用保証協会 創業アシストプラザ 多摩分室
〒190-0012 東京都立川市曙町2-37-7
コアシティ立川ビル5階
042・525・3101

大内正幸（有限会社ソルブ）
〒151-0051
東京都渋谷区千駄ヶ谷5-33-16-901
03・3226・1452

伊東正博（株式会社C.P.O設計）
〒163-0444
東京都新宿区西新宿2-1-1 新宿三井ビル44階
03・5325・9611

斉藤賢一（城南労務管理事務所）
〒152-0003
東京都目黒区碑文谷3-9-14
03・3716・6233

小島壯司（株式会社エスエムティ）
〒980-0012
宮城県仙台市青葉区錦町1-1-9　三徳ビル201号
022・217・1232

BK selection vol.1
美容室開業マニュアル

Art Director	下井英二（HOT ART）
Illustrator	福々ちえ
Editor	月刊『美容と経営』編集部
	門井恵美　細田清行

定価（本体3,800円＋税）検印省略
2007年11月29日　第1版発行
2008年10月10日　第2版発行
2012年11月20日　第3版発行
2015年6月22日　第4版発行

発行者	長尾明美
発行所	新美容出版株式会社
	〒106-0031　東京都港区西麻布1-11-12
	編集部　TEL：03-5770-7021
	販売部　TEL：03-5770-1201　FAX：03-5770-1228
	http://www.shinbiyo.com
	振替　　00170-1-50321
印刷・製本	太陽印刷工業株式会社

©SHINBIYO SHUPPAN Co;Ltd.　　Printed in Japan 2007